365 nuances de japonais

LAROUSSE

Carine Girac-Marinier

Édition
Valérie Katzaros

Rédaction du texte japonais
Rozenn Étienne

Direction artistique
Uli Meindl

Mise en page
Sylvie Fécamp, Tiphaine Desmoulière

Informatique éditoriale
Philippe Cazabet, Sharareh Maljaei

Fabrication
Marlène Delbeken

Textes en partie extraits des ouvrages *Démarrez le japonais*, Larousse 2012 et *Premiers pas en japonais*, Larousse 2014.

ISBN 978 2 03 600426 9

Janvier

1er janvier

正月

Shogatsu

Nouvel An

C'est le Nouvel An japonais, le 1er janvier, depuis que le Japon a adopté le calendrier grégorien en 1873. Les Japonais prennent plusieurs jours de vacances à cette occasion, se rendent au temple et se retrouvent en famille.

こんにちは

Konnichiwa

Bonjour

Au Japon, pas de bise ou d'accolade pour se dire bonjour, mais le salut. Un simple hochement de tête accompagné d'un konnichiwa suffit entre amis. Sinon, assis ou debout, il faut s'incliner ! Le matin, c'est おはようございます ohayō gozaimasu qu'il faut dire.

3 janvier

L'art du salut

Il est très pratiqué au Japon, dans les situations formelles. On salue à partir du bas du dos. Plus le degré d'inclinaison est grand, plus le degré hiérarchique est marqué. Cette habitude est enseignée aux enfants dès leur plus jeune âge. Elle est si ancrée dans la culture japonaise que même les personnages des distributeurs automatiques effectuent ce salut en guise de remerciement lorsque vous retirez de l'argent. En outre, les Japonais ne peuvent pas s'empêcher de s'incliner même lorsqu'ils parlent au téléphone !

Monsieur ou Madame ?

En japonais, on accole –san à la suite du prénom ou du nom pour présenter quelqu'un. Pour un enfant (voire parfois pour les jeunes filles), un jeune garçon ou un subordonné, on utilise respectivement –chan et –kun. Si on connait le titre professionnel de la personne, on l'utilise alors : professeur Yamada, Yamada sensei. En général, on donne son nom de famille puis son prénom.

5 janvier

日本語

Nihongo

Le japonais

La langue japonaise est parlée par près de 128 millions de personnes. Elle est utilisée au Japon mais aussi dans les diasporas japonaises du Brésil, du Pérou, d'Australie, de Californie…

Les origines de la langue

Les origines du japonais demeurent mystérieuses. Néanmoins, on peut dire que c'est une langue altaïque, au même titre que le coréen, le turc ou le mongol, qui a subi les influences des îles du Pacifique, ainsi que du chinois.

Les dialectes

On trouve encore certains dialectes ou accents régionaux, surtout dans le nord (Tōhoku-ben 東北弁), dans l'ouest (Kansai-ben 関西弁) et le sud du pays (Kyūshū-ben 九州弁). Si le parler d'Okinawa est souvent considéré comme un dialecte, il faut savoir qu'il provient d'une langue à part entière, distincte du japonais standard. Il en est de même pour la langue de tradition orale de la minorité ainoue, à Hokkaido.

La prononciation

Pour savoir comment se prononce un mot japonais, vous pouvez lire le rōmaji ロマジ (en violet dans cet éphéméride). La prononciation du japonais ne comporte pas de difficultés pour les locuteurs francophones. En effet, ce n'est pas une langue tonale et la plupart des sons existent en français.

L'écriture japonaise

Traditionnellement, le japonais s'écrit verticalement et de droite à gauche, mais actuellement, il est très courant d'écrire horizontalement et de gauche à droite.

10 janvier

成人式

Seijin shiki

Cérémonie de la majorité

C'est le jour de l'accès à la majorité pour les jeunes de 20 ans. Lors de cérémonies, les jeunes gens vêtus de kimonos sont félicités pour leur passage à l'âge adulte.

ひらがな

Les hiragana

Les hiragana sont l'un des deux syllabaires de l'écriture japonaise. Leur tracé est souple. Ils sont principalement utilisés pour les terminaisons grammaticales ou les particules.

あ a	い i	う u	え e	お o
か ka	き ki	く ku	け ke	こ ko
さ sa	し shi	す su	せ se	そ so
た ta	ち chi	つ tsu	て te	と to
な na	に ni	ぬ nu	ね ne	の no
は ha	ひ hi	ふ hu	へ he	ほ ho
ま ma	み mi	む mu	め me	も mo
や ya		ゆ yu		よ yo
ら ra	り ri	る ru	れ re	ろ ro
わ wa				を (w)o
ん n				

カタカナ

Les katakana

Les katakana sont l'autre syllabaire de l'écriture japonaise. Leur tracé est anguleux. Ils sont principalement utilisés pour transcrire les mots étrangers, les termes zoologiques et botaniques et les onomatopées.

ア a	イ i	ウ u	エ e	オ o
カ ka	キ ki	ク ku	ケ ke	コ ko
サ sa	シ shi	ス su	セ se	ソ so
タ ta	チ chi	ツ tsu	テ te	ト to
ナ na	ニ ni	ヌ nu	ネ ne	ノ no
ハ ha	ヒ hi	フ hu	ヘ he	ホ ho
マ ma	ミ mi	ム mu	メ me	モ mo
ヤ ya		ユ yu		ヨ yo
ラ ra	リri	ル ru	レ re	ロ ro
ワ wa				ヲ (w)o
ン n				

13 janvier

漢字

Les kanji

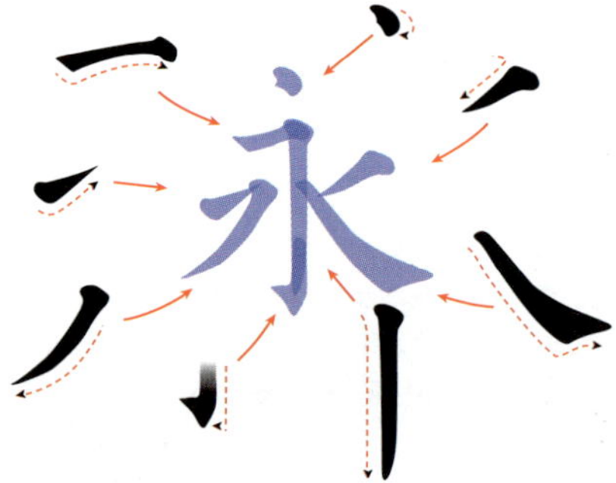

Les kanji sont l'un des trois systèmes d'écriture japonais. Il en existe plus de 40 000 et ils peuvent compter jusqu'à 20 traits. Ces caractères, qui littéralement signifient « caractères chinois », doivent se tracer en respectant un ordre de traits bien précis. Le caractère 永 ei, qui signifie « éternel », contient les huit traits de base de l'écriture japonaise. Les kanji peuvent avoir plusieurs prononciations. La clé est un des éléments qui composent les kanji, pouvant se trouver à gauche, à droite, au-dessus, en dessous ou encore dans le pourtour du caractère. Il est très utile de mémoriser les clés car elles renseignent sur le sens du kanji et sont par ailleurs un élément de classement et donc de recherche dans les dictionnaires de caractères. On compte 214 clés.

14 janvier

On distingue parmi les kanji :

- Des caractères provenant de la représentation d'objets concrets : 山 (la montagne). Ce sont des pictogrammes.
- Des caractères provenant de la représentation d'idées : 一 (un) ou 下 (dessous). Ce sont des idéogrammes simples.
- Des caractères provenant de la combinaison de pictogrammes : 休 (repos). Ce sont des idéogrammes composés.
- Des caractères dont une partie a un rôle phonétique et l'autre un rôle sémantique et que l'on appelle des idéophonogrammes.

入学試験

Nyūgaku shiken

Examens d'entrée dans les écoles et à l'université

Les enfants sont soumis à des tests scolaires vers la mi-janvier. Ceux qui obtiennent les meilleurs résultats pourront prétendre aux meilleures universités.

La famille

Dans la société japonaise vieillissante actuelle, la famille et le respect pour les anciens demeurent des valeurs fortes. Dans certaines familles, trois générations vivent sous le même toit. Les parents se dévouent totalement à leurs enfants (un ou deux par famille en moyenne) et ont tendance à s'adresser l'un à l'autre en utilisant les termes signifiant « père » (お父さん/おとうさん otōsan), et « mère » (お母さん/おかあさん okāsan), dès qu'ils deviennent parents. Il est très important de se montrer humble quand vous parlez de votre propre famille et déférent quand vous parlez de la famille d'autrui.

17 janvier

女

JO, NYO,
onna, me

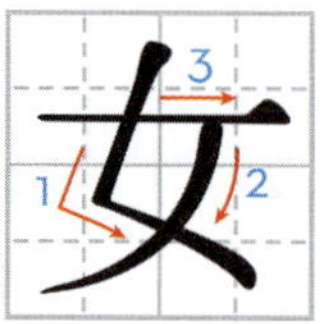

La femme

Ce kanji dérive du dessin d'une femme courbée ou assise en tailleur en train de travailler. Il ne s'emploie pas seul. Pour désigner la femme, il faut lui associer le kanji de la « personne » et relier les deux éléments à l'aide de la particule の no qui est un caractère hiragana : 女の人 onna no hito.
女 est présent dans des mots liés au genre féminin.

Signe ancien

男

DAN, NAN, otoko

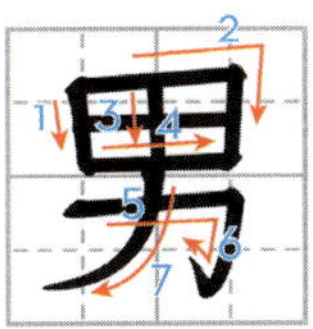

L'homme

Le caractère ancien est composé de 田 « la rizière » et 力 « la force ». C'est en effet l'homme qui traditionnellement travaillait dans les rizières. Tout comme pour la femme, on ajoute souvent le caractère de la personne, 人 , pour dire « l'homme » : 男の人 otoko no hito. On retrouve le kanji 男 dans des termes liés au genre masculin.

Signe ancien

19 janvier

子

SHI, SU, ko

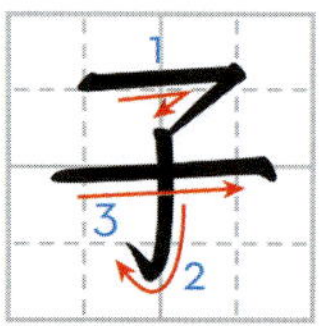

L'enfant

Ce caractère provient du dessin d'un bébé emmailloté dans ses langes avec la tête et les bras qui dépassent. Le kanji 子 apparaît dans les termes liés à la filiation. Combiné au caractère de la femme 好(き), il signifie « aimer » et peut être considéré comme le symbole de l'amour maternel.

Signe ancien

富士山

fujisan

Le Mont Fuji

En japonais, le Mont Fuji se dit 富士山 fujisan. Ce volcan constitue le point culminant du Japon, à 3776 mètres. Son ascension, que tout Japonais se doit de faire au moins une fois dans sa vie, s'effectue en été.

21 janvier

いろはにほへと
ちりぬるを
わかよたれそ
つねならむ
うゐのおくやま
けふこえて
あさきゆめみし
ゑひもせす

Iroha

Ce célèbre poème datant du XIIe s. est composé de la totalité des hiragana qui existaient à l'époque. Il est utilisé dans l'initiation à la calligraphie. Dans certains théâtres japonais, on utilise encore l'ordre des hiragana de l'iroha pour désigner les rangées de sièges.

22 janvier

Les mots-valises

Attention, les Japonais ont tendance à raccourcir les mots empruntés à des langues étrangères et à créer des mots-valises, ce qui rend la lecture moins aisée ! Le terme コスプレ (kosu pure : costume + *play*) désigne le cosplay, l'activité qui consiste à se déguiser en personnages de fiction, de mangas très souvent !

La cuisine

La cuisine japonaise est, à l'opposé des habitudes culinaires françaises, fondées sur le mélange des aliments, un art de la juxtaposition. Elle se distingue par un degré de raffinement rare qui allie plaisir des yeux et de la bouche.

朝食

chōshoku

Le petit déjeuner

Le petit déjeuner traditionnel japonais, que l'on prend en général plus tôt qu'en France, comprend le plus souvent du riz, des algues, de la soupe miso, du poisson séché et parfois un œuf cru.

25 janvier

昼食

chūshoku

Le déjeuner

Il se prend souvent sur le pouce entre midi et 13h dans un restaurant bon marché, quoique le panier-repas traditionnel, préparé chez soi ou acheté dans un magasin, demeure populaire.

夕食

yūshoku

Le dîner

Les familles se retrouvent souvent entre 18h et 19h pour prendre un repas substantiel qui se compose au minimum de soupe miso, d'un bol de riz et de trois accompagnements qui comportent souvent du poisson et des légumes.

27 janvier

あ A

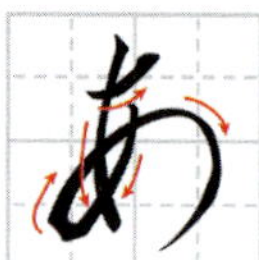

C'est le premier élément du syllabaire des **hiragana** et c'est aussi ce son que l'on retrouve comme voyelle de la première syllabe de chaque série de hiragana, A, KA, SA, TA, NA, HA… Certains hiragana ont des formes assez proches au premier abord. Attention à ne pas confondre あ A et お O. On retrouve ces deux hiragana dans ありがとう arigatō, qui signifie « merci », ou dans あお ao qui veut dire « bleu ».

28 janvier

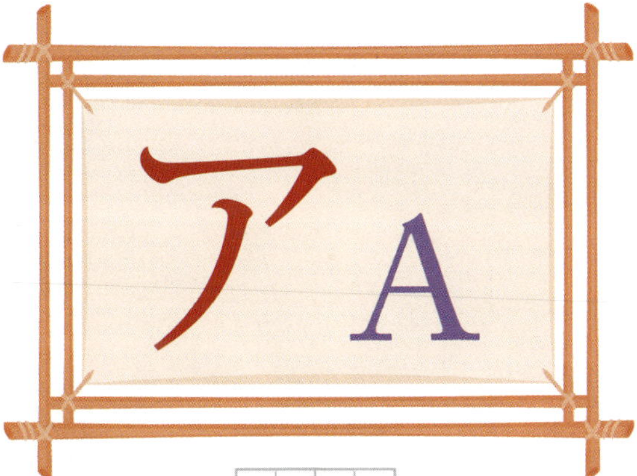

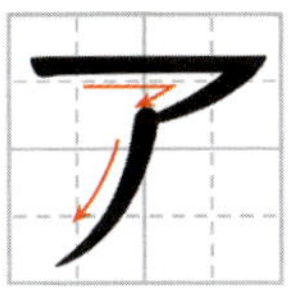

Les **katakana**, dont le tracé est plus anguleux, servent notamment à transcrire les mots d'origine étrangère. Le japonais compte en effet de nombreux emprunts à l'anglais, mais aussi au français, à l'allemand et au portugais. Ainsi, ア est utilisé dans アイス aisu, de l'anglais *ice(cream)*, « glace ».

鎌倉

Kamakura

Célèbre pour son grand bouddha, Kamakura est une ville qui se visite à vélo. Les amateurs de cinéma pourront aller se recueillir sur la tombe d'Ozu à Kitakamakura.

30 janvier

父

FU, chichi

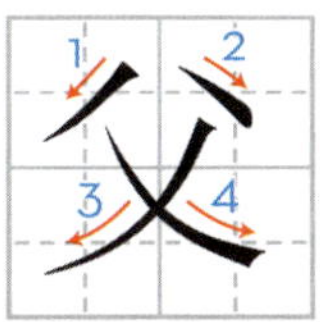

Le père

Ce caractère est issu du dessin ancien représentant une main tenant un bâton ou une cognée, signe d'autorité paternelle. Le père est le chef de la famille et est chargé de la nourrir.

Signe ancien

31 janvier

母

BO, haha

La mère

Ce kanji dérive du signe archaïque qui représente une femme assise dont les seins sont découverts afin qu'elle puisse allaiter.

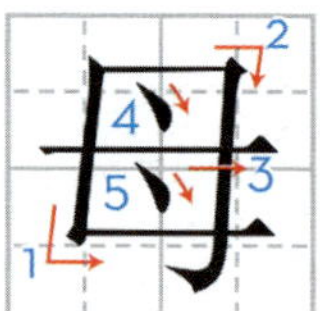

Signe ancien

Février

La prononciation des kanji

En ce qui concerne la prononciation des kanji, on distingue la lecture (ou prononciation) onyomi et la lecture kunyomi, La première, par convention en majuscules, est celle du terme en chinois. Les Japonais ont en effet conservé la prononciation de ces caractères empruntés au chinois. La deuxième, en minuscules, est celle du terme en japonais. En général, on utilise cette dernière quand les kanji sont employés de manière isolée et la première lorsqu'ils font partie de composés. Un kanji a donc au moins deux prononciations mais très souvent bien plus, notamment en raison de l'évolution de la langue au fil du temps.

Des signes bien japonais !

Les kanji de la langue japonaise diffèrent de ceux utilisés en chinois car les deux pays ont procédé à des opérations de simplification de caractères. Au Japon, c'est à partir de 1923 que la première réforme de simplification a été décrétée et après la Seconde Guerre mondiale qu'elle a commencé à être appliquée. Il existe des milliers de kanji, mais une liste officielle fixe à 2136 le nombre de kanji que les lycéens japonais doivent avoir appris à la fin de leur cursus. Il faut en connaître environ 2000 pour pouvoir lire la presse. Pour chaque kanji, il faut connaitre son tracé, ses prononciations et sa signification.

節分

Setsubun

Fête du lancer de haricots

C'est une cérémonie destinée à chasser les mauvais esprits du foyer. On lance des graines de haricots grillées vers l'extérieur de la maison pour chasser les démons et attirer la bonne fortune en criant 鬼は外！ 福は内 oni wa soto ! fuku wa uchi !, dehors le diable ! dedans la chance !

一

ICHI, ITSU, hito, hito(tsu)

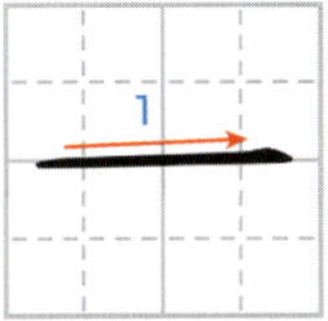

Un

Ce signe est composé d'un seul trait horizontal évoquant peut-être l'horizon, l'unité. On retrouve 一 dans des phrases où il signifie « un » ou « premier », mais également lorsqu'il évoque l'idée de supériorité, de qualité.

5 février

二

NI, futa, futa(tsu)

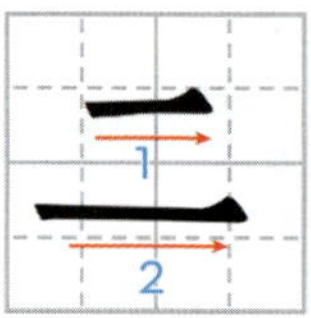

Deux

Il est possible que les deux traits de 二 fassent référence au positif et au négatif, au paradis et à la terre.
Février, deuxième mois du calendrier grégorien adopté par les Japonais, se dit ainsi 二月 ni gatsu.

三

SAN, mit(tsu)

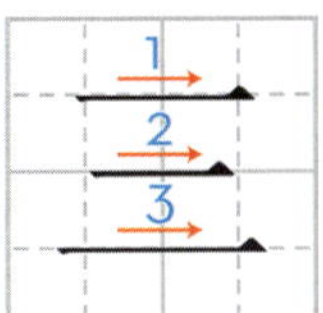

Trois

Les trois traits de ce kanji feraient référence au paradis, à l'être humain, au milieu, et à la Terre. S'il est facile à tracer, il faut cependant faire attention à la longueur des traits, le plus court étant celui du milieu et le plus long celui du bas.

さっぽろ雪祭り

Sapporo yuki matsuri

Festival de la neige à Sapporo

Ce festival, qui se déroule pendant sept jours tous les ans à Sapporo sur l'île d'Hokkaido au nord du Japon, attire de nombreux visiteurs qui viennent admirer plus de deux cents statues de neige et sculptures de glace éphémères disposées dans plusieurs endroits de la ville. Élaborées par des amateurs ou des professionnels, ces statues représentent des personnages célèbres et des monuments.

8 février

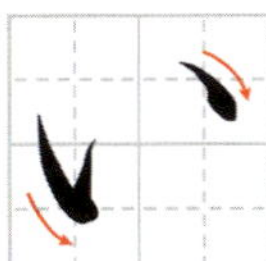

C’est la deuxième syllabe des hiragana. On la retrouve deux fois dans le mot qui signifie « non » : いいえ īe.

9 février

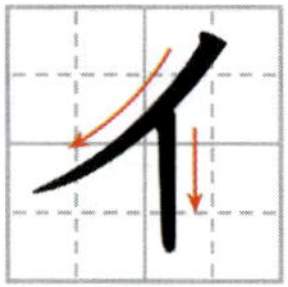

Les katakana sont utilisés, entre autres, pour transcrire les noms propres étrangers, comme ici pour le prénom イネス inesu, Inès.

10 février

Les salutations dans la famille

Les membres d'une même famille utilisent un système de salutations qui se font réponse dès lors qu'ils partent de chez eux ou qu'ils rentrent à la maison. Ainsi, lorsque l'on part de chez soi, on dit ittekimasu (littéralement « j'y vais et je reviens ») et on vous répond itterasshai (« vas-y et reviens »). Lorsque l'on rentre chez soi, on dit tadaima (« je suis de retour) et on vous répond okaerinasai (« bienvenue »).

建国記念の日

Kenkoku kinen no hi

Anniversaire de la fondation de l'État japonais

Les Japonais commémorent la fondation du Japon et la naissance de la Nation en célébrant l'anniversaire du couronnement du premier empereur japonais Jimmu Tenno le 11 février 660 avant JC. C'est un jour férié. Au Japon, lorsque la date d'un jour férié tombe un dimanche, c'est le lendemain qui est férié.

12 février

う U

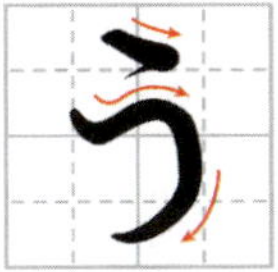

Le hiragana う permet d'allonger le son voyelle O, comme dans « merci » : ありがとう a ri ga to u, transcrit généralement ainsi : arigatō.

13 février

ウ U

Attention à ne pas oublier le petit trait du katakana ウ U qui, sans celui-ci, devient ワ WA ! Ainsi, ウマ uma veut dire « cheval » et ワニ wani signifie « crocodile » .

14 février

Compter sur ses doigts

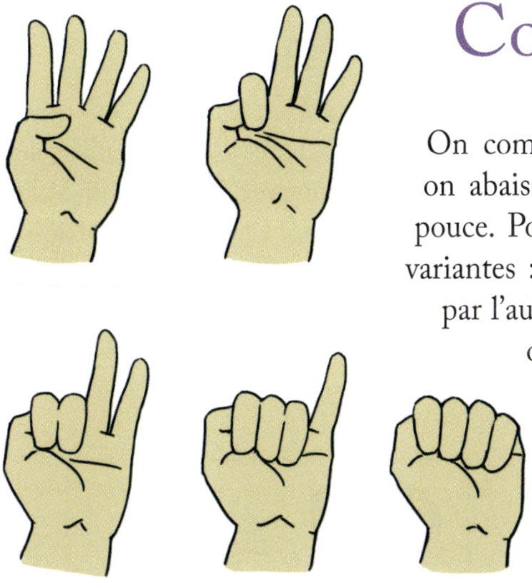

On commence la main ouverte (la paume vers soi) et on abaisse les doigts un par un en commençant par le pouce. Pour les chiffres à partir de 6, il existe plusieurs variantes : soit on déplie alors les doigts en commençant par l'auriculaire, soit on déplie d'abord tous les doigts et on recommence. Lorsque l'on veut indiquer un chiffre à un interlocuteur, on tourne sa paume vers celui-ci et l'index sera le premier doigt levé, puis le majeur, l'annulaire, l'auriculaire et enfin le pouce. On se sert de sa deuxième main pour poursuivre.

四

SHI, yon

Quatre

À l'origine, ce chiffre s'écrivait en quatre traits horizontaux mais il a été modifié afin d'éviter la confusion avec 二 et 三. On a alors utilisé les caractères 口 et 八 « division ». L'ensemble signifierait « la dispersion du souffle aux quatre vents ». La prononciation SHI est moins utilisée car elle évoque la mort (死 SHI).

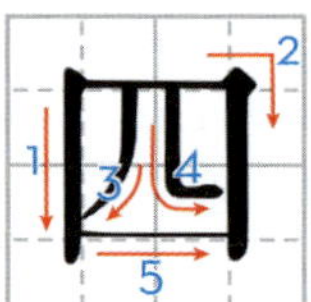

Signe ancien

16 février

Superstition !

Dans de nombreux hôtels ou hôpitaux, on évite les chiffres 4 et 9 pour les numéros de chambres. En effet, 4 se prononce SHI, comme la mort, et 9 KU, comme la souffrance. N'offrez donc jamais un peigne (kushi) à un malade !

五

GO, itsu

Cinq

Le signe ancien représente l'échange entre le ciel et la terre ou encore le yin et le yang. Ce chiffre est très important, on l'utilise pour symboliser l'être humain 五体 gotai, « cinq parties du corps », pour parler des cinq sens 五感 gokan ou encore des cinq organes 五臓 gozō.

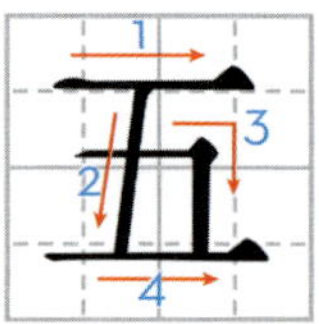

Signe ancien

いただきます

Itadakimasu

Cette expression est employée systématiquement dès que l'on mange ou que l'on boit. Littéralement, elle signifie : « je reçois », et exprime la politesse et le respect. D'ailleurs, vous verrez, qu'ils soient plusieurs ou seul à table, c'est un rituel incontournable que tous les Japonais pratiquent.

19 février

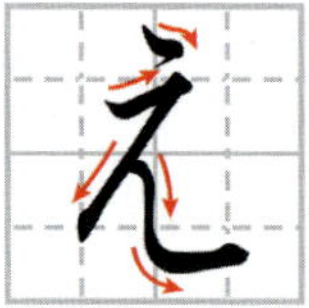

On retrouve deux fois ce hiragana dans le mot ええ ē qui signifie « oui », version moins formelle que はい, hai.

20 février

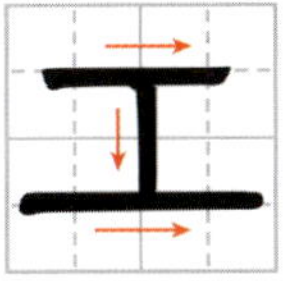

En japonais, les onomatopées s'écrivent à l'aide de katakana. エ ! e, souvent écrit avec un petit tsu ッ, エッ, exprime la surprise ou le doute. Lorsqu'on est très surpris ou qu'on veut montrer son mécontentement, on dit エーッ ! ē. Pour allonger le son voyelle d'un katakana, on ajoute un tiret ー après celui-ci.

Le respect de la nourriture

Étant donné le respect que les Japonais témoignent à la nourriture, il est très mal vu de manger dans la rue ou dans les transports en commun. Bon à savoir : les sous-sols des grands magasins vous donneront l'occasion de faire des dégustations gastronomiques sans débourser un seul yen !

六

ROKU, mu(tsu), mui

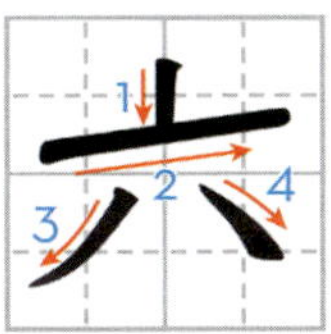

Six

Il y a des hésitations concernant le signe ancien. Ce serait la représentation d'une grange : 4 murs, le sol et le toit, ce qui fait un total de six éléments. Mais, il pourrait également s'agir d'un ancien symbole de comptage.

Signe ancien

天皇誕生日

Tennō tanjōbi

Anniversaire de l'empereur

La fête nationale du Japon est célébrée le jour anniversaire de l'empereur régnant. Depuis l'intronisation de l'empereur Naruhito en 2019, elle a lieu le 23 février. Ce jour-là, qui est férié, le palais impérial ouvre ses portes au public et l'empereur reçoit les félicitations et les vœux de longévité des Tokyoïtes dans la cour.

24 février

七

SHICHI, nana, nana(tsu)

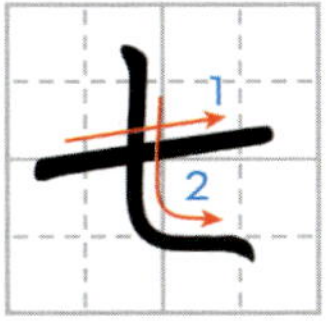

Sept

À l'origine, le caractère était formé d'une ligne horizontale et d'une ligne verticale courbe se coupant en leurs milieux, soit une croix. Par la suite, afin de le distinguer du chiffre 10, le caractère a été légèrement modifié.

Signe ancien

八

HACHI, ya(ttsu), ya(tsu), ya, yō

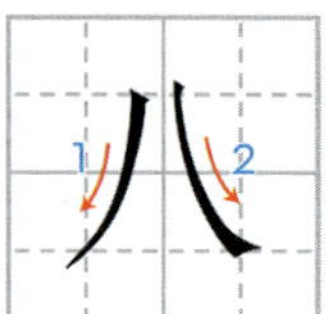

Huit

À l'origine, le caractère, composé de deux traits courbes, symbolisait la séparation, la division. Puis, en raison d'homonymie, il a été choisi pour représenter le chiffre 8. C'est un chiffre porte-bonheur pour les Japonais ! En effet, la forme du kanji qui s'élargit vers le bas évoque la prospérité et la croissance.

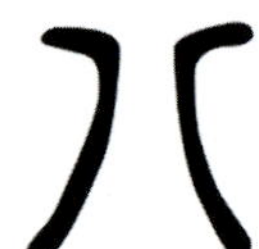

Signe ancien

26 février

88 nuits

Il faut 88 nuits à partir de l'arrivée du printemps (vers le 4 février) pour avoir du thé de qualité. C'est donc vers le 5 mai que l'on récolte le thé. Dans le kanji de 茶 cha thé, pouvez-vous trouver les kanji qui composent le chiffre 88 hachijūhachi 八十八 ?

27 février

九

KYŪ, KU,
kokono(tsu), kokono

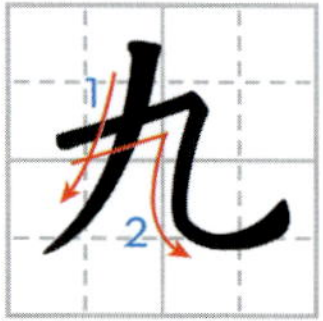

Neuf

Le caractère ancien aurait représenté un coude plié et une main au bout du bras. Le dessin du coude aurait été abandonné par la suite au profit de celui d'un poing, prêt à frapper. Mais le lien avec le chiffre neuf est assez flou.

Signe ancien

28 février

十

JŪ, tō

Dix

Le signe ancien n'était composé que d'un seul trait vertical qui représentait donc la dizaine. C'est au fil du temps qu'un trait horizontal lui a été ajouté pour former une croix.

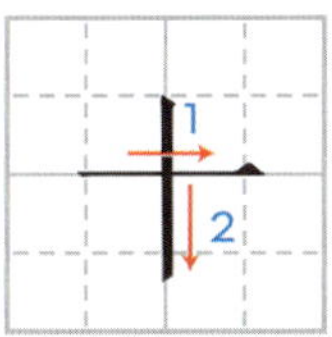

Signe ancien

29 février

Les ères

Les Japonais connaissent, comme nous, les années, mais parfois ils utilisent le système des ères, calendrier japonais, dans les documents officiels. Les ères sont quelquefois abrégées par leur initiale romanisée : S pour Shōwa, T pour Taishō, H pour Heisei… Le 1er mai 2019, avec l'abdication de l'empereur Akihito au profit de son fils Naruhito, le Japon est entré dans la 248e ère de son histoire, l'ère Reiwa ou « véritable harmonie ».

Mars

1er mars

お O

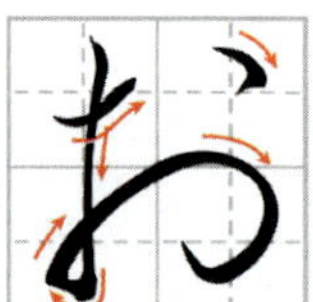

Le hiragana お est parfois utilisé comme particule honorifique. Ainsi, お水 O-mizu est une façon polie de dire « de l'eau ».

2 mars

オ O

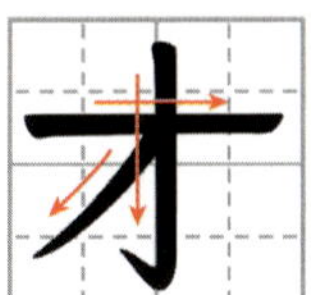

Attention, le trait en diagonale du katakana O ne doit pas dépasser le trait vertical ! À la différence des hiragana, les katakana ne s'emploient pas pour écrire les particules grammaticales. On retrouve ce katakana dans le mot オアシス oashisu qui veut dire « oasis ».

ひな祭り

Hina Matsuri

Fête des petites filles

Pour cette fête, qui littéralement signifie « fête des poupées », les parents de petites filles construisent une sorte d'autel de 7 marches, recouvert d'un tissu rouge, sur lequel ils placent des poupées en porcelaine et en tissu. Au sommet se trouve le couple impérial et, sur les marches inférieures, les dames de la cour et les servantes. Ces poupées sont censées protéger les enfants des mauvais esprits et leur porter bonheur.

和菓子

wagashi

Gâteaux japonais

Ce sont de petites pâtisseries traditionnelles aux formes et aux saveurs élégantes, à base de pâte de haricots rouges, de farine de riz et d'agar-agar. Agrémentant la cérémonie du thé, elles comportent souvent des motifs floraux car elles représentent les saisons. Lors de la fête des poupées, on consomme, entre autres, toutes sortes de wagashi, souvent de couleur rose !

5 mars

日

NICHI, JITSU, hi, ka

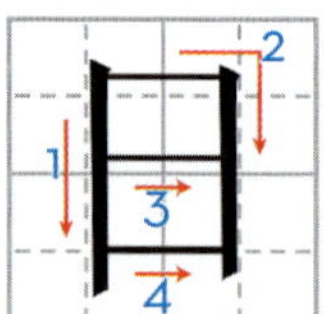

Le soleil, le jour

Dans le dessin ancien, le soleil comprend un point en son centre, symbole de sa luminosité. Ce caractère est aussi utilisé en tant que clé dans de nombreux mots liés au soleil ou au jour. On retrouve ce kanji dans 日本 nihon Japon. Le deuxième kanji de ce mot, 本, nippon, signifie « origine ». D'où le sens du mot de « origine du soleil » et l'appellation du Japon de pays du Soleil-Levant.

Signe ancien

La date

Pour donner une date, on commence par l'année 年, puis on indique le mois 月 et on donne enfin le jour 日. 2021 年 7月 30 日 : nisen nijūichi nen shichigatsu sanjū nichi (月 signifie aussi lune et 日 soleil) est ainsi le 30 juillet 2021. Devant les années, les mois et les dates, on trouve fréquemment des chiffres arabes.

7 mars

月

GETSU, GATSU, tsuki

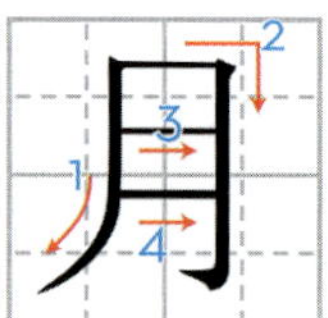

La lune

Le signe archaïque représente assez fidèlement le croissant lunaire. En tant que clé, 月 apparaît dans des termes en rapport avec la lune, qui est un marqueur de date, tels que 朝 asa, qui signifie « matin ».

Signe ancien

か KA

Le hiragana か KA est utilisé comme particule finale marquant l'interrogation : おげんきですか O genki desu ka? « Comment allez-vous ? ».

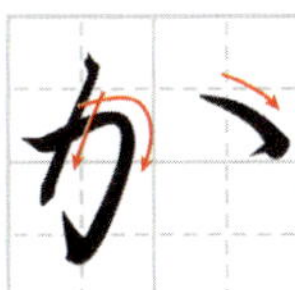

カ KA

Pour le son KA, l'absence du petit trait en haut à droite et le tracé plus anguleux différencient le katakana de son homologue hiragana. On retrouve ce katakana dans カナダ kanada qui veut dire « Canada ».

10 mars

かわいい

kawaii

Mignon

Ce terme signifie « mignon », « adorable », et est utilisé pour décrire tout ce qui est considéré comme ayant une certaine grâce dans la culture pop japonaise, avec notamment le style vestimentaire kawaii, mais également pour qualifier des choses ou des personnes. Certains wagashi sont kawaii !

11 mars

百

Cent

D'après certaines sources, le caractère ancien représenterait une langue sortant de la bouche qui parlerait sans fin, d'où l'idée de grand nombre.

HYAKU

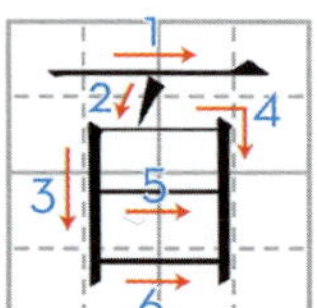

Signe ancien

12 mars

Plions mille grues !

La légende des mille grues raconte que si l'on plie mille grues en papier, on peut réaliser son vœu de santé et de longévité. On les offre souvent aux malades pour leur souhaiter une bonne guérison. Cette légende a inspiré une fillette nommée Sadoko Sasaki, atteinte de leucémie à la suite de l'explosion de la bombe atomique d'Hiroshima, qui avait entrepris de réaliser mille grues en origami. Son histoire a fait de la grue en papier un symbole de la paix.

13 mars

千

SEN, chi

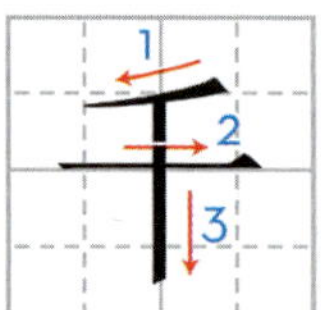

Mille

Le signe ancien représente une personne 人 et le chiffre un 一. Il symboliserait une personne qui avance vite ou une troupe de soldats, d'où le sens de « millier ». Mais 千 serait peut-être un phonogramme car il est possible qu'au moment où il a été créé la prononciation de « mille » était identique à celle de « personne ».

Signe ancien

Vivre mille ans !

La grue vit mille ans et la tortue vit dix mille ans. Au Japon, la grue et la tortue sont des symboles de longévité. Le proverbe, 鶴は千年、亀は万年 tsuru wa sennen kame wa mannen, est souvent employé pour souhaiter une longue vie à quelqu'un ou célébrer un événement.

Un lieu unique au monde !

Ouvert toute l'année, l'Akan International Crane Center est un lieu unique au monde. Cet espace entièrement dédié à la grue du Japon a été créé en 1996. Des chercheurs spécialisés étudient les oiseaux et publient des informations sur l'éthologie des grues du Japon pour protéger et sauvegarder l'espèce. L'espace comprend un musée.

16 mars

き KI

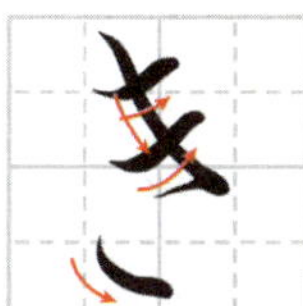

Notez que KI peut se tracer de deux façons : comme montré dans le tracé ou avec une boucle en bas (き), comme ci-contre. Lorsque l'on ajoute ゛ (signe familièrement appelé tenten) à la série des hiragana en K, on obtient が GA, ぎ GI, ぐ GU, げ GE, ご GO.

17 mars

キ KI

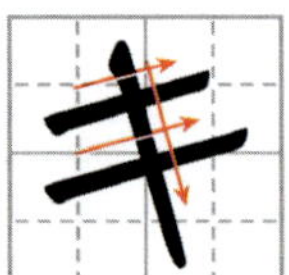

Attention, le katakana キ et le hiragana き KI se ressemblent beaucoup. Il y a un trait de moins dans キ KI. キー kī vient de l'anglais *key* et signifie « clé ».

sen ni hitotsu

Un parmi des milliers

En japonais, quand il y a très peu de possiblités ou très peu d'espoir, on dit 千に一つ sen ni hitotsu, un parmi des milliers. Par exemple, 千に一つの勝ち目もない sen ni hitotsu no kachi me mo nai : il n'y pas une chance sur mille qu'on gagne.

春

SHUN, haru

Le printemps

Le caractère ancien représente l'essor 屯 de la végétation 艸 sous l'effet du soleil 日 , soit le printemps. Les deux premiers éléments sont actuellement fusionnés dans 𡗗.

Signe ancien

20 mars

春分の日

Shunbun no hi

Équinoxe du printemps

Cet événement est une fête officielle au Japon et un jour férié. Se produisant à différentes dates, entre le 19 et le 22 mars, selon les fuseaux horaires, le jour férié change d'année en année. Les Japonais se retrouvent en famille pour célébrer l'arrivée du printemps et apprécier le regain de vitalité de la nature après l'hiver.

21 mars

万

MAN, BAN

Dix mille

À l'origine, ce caractère peu usité désignait le scorpion, reconnaissable dans la version non simplifiée du caractère. Aujourd'hui, c'est un nombre très positif qui signifie « beaucoup », « un grand nombre » ou « dix mille ».
On retrouve ce caractère dans l'expression 万歳 banzai qui signifie « Longue vie à… » ou, littéralement, 10 000 ans !

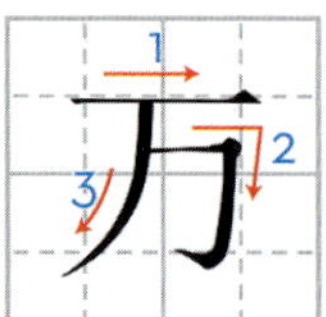

Signe ancien

22 mars

Des unités spéciales

Voici quelques unités qui n'existent pas en français : 一万 (ichi man) dix mille, 一億 (ichi oku) cent millions et 一兆 (itchō) mille milliards. En revanche, il n'y a pas de terme spécifique pour dire « un million ». Dans ce cas, on utilise 百万 hyaku man, c'est-à-dire cent fois dix mille.

23 mars

く KU

Le hiragana く KU fait partie des hiragana dont le tracé ne nécessite qu'un seul trait : く KU, し SHI, そ SO, つ TSU, て TE, の NO, ひ HI, へ HE, る RU, ろ RO et ん N. C'est la terminaison d'un grand nombre d'adverbes : はやい hayai, qui veut dire « rapide », devient はやく hayaku, « rapidement ».

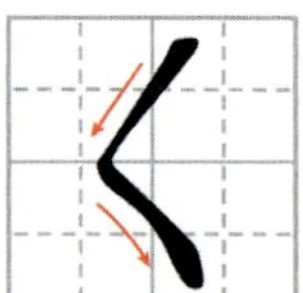

24 mars

ク KU

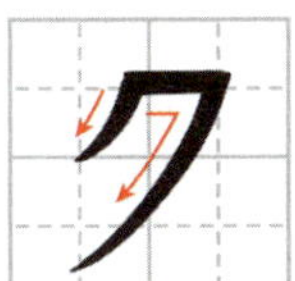

Les katakana permettent aussi de transcrire les noms scientifiques de plantes. Ainsi, le chrysanthème, kiku, emblème de l'empereur du Japon, s'écrit キク.

Chez des Japonais

Il est plutôt rare d'être invité chez des Japonais. En effet, ils préfèrent en général se voir à l'extérieur. Si toutefois vous avez cette chance, suivez ces quelques conseils. Apportez un petit cadeau, par exemple une spécialité de votre région. Soyez à l'heure et n'abusez pas de l'hospitalité de vos hôtes ! D'ailleurs, un thé vert servi en fin de repas vous indiquera de façon très courtoise qu'il est l'heure de prendre congé ! Et surtout ne commettez pas l'irréparable, déchaussez-vous ! Placez vos chaussures avec les pointes vers l'extérieur, vous montrerez que vous ne vous installez pas, et mettez les chaussons que vous proposera certainement votre hôte.

26 mars

門

MON, kado

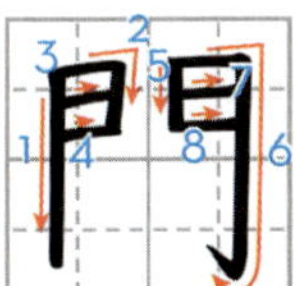

La porte

Le caractère ancien dessine clairement les deux battants d'une porte.

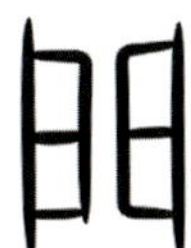

Signe ancien

La maison traditionnelle japonaise

Il existe de moins en moins d'habitations typiquement japonaises. Cependant, de nombreux Japonais allient tradition et modernité en conservant par exemple une pièce japonaise au sein de leur maison ou de leur appartement. La maison japonaise traditionnelle n'a pas d'étage. Le genkan 玄関 ou vestibule, sépare l'intérieur de l'extérieur et est le lieu où l'on se défait de ses chaussures pour enfiler des chaussons. Les pièces peuvent changer de fonction : une fois les futons sortis du placard, le salon se transforme en chambre à coucher !

28 mars

中

CHŪ, naka, uchi

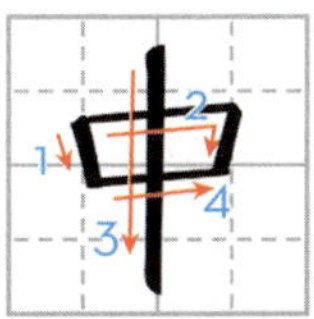

Dans, au milieu

Le caractère ancien représente une flèche verticale traversant une cible en son milieu, ce qui sous-tend l'idée de perfection.

Signe ancien

スリッパ

surippa

Les chaussons

En entrant dans une maison, on se déchausse. Votre hôte vous présente alors des chaussons qu'il faut porter pour marcher sur la moquette et le parquet, mais pas sur les tatamis. Pour aller aux toilettes, on change de chaussons également. Afin d'éviter le ridicule, ne vous trompez pas de chaussons ! Il est en effet facile d'oublier d'enlever les chaussons que vous avez mis pour aller aux toilettes et de vous promener dans le reste de la maison… Pour ce qui est des tatamis, pensez à enlever vos chaussons avant d'y poser le moindre orteil !

30 mars

外

GAI, GE,
soto, hoka

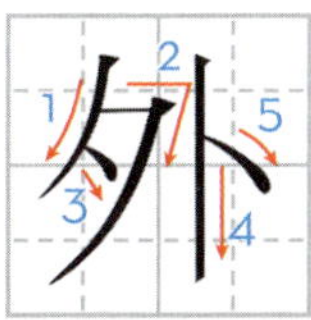

Dehors, extérieur

Ce caractère est composé de la « nuit » à gauche et d'une fêlure sur des écailles de tortues (autrefois utilisées pour la divination des rêves de la nuit). Ces fêlures apparaissent sur l'extérieur des écailles, ce qui expliquerait le sens du caractère.

Signe ancien

奈良

Nara

Nara

Nara est une petite ville située dans la région du Kansai sur l'île de Honshu, à environ 42 kilomètres au sud de Kyoto. Elle est célèbre pour son bouddha monumental, ses temples, son musée mais aussi ses daims qui vous accompagneront au cours de vos visites. Soyez partageur si c'est l'heure du goûter !

Avril

1er avril

エイプリルフール

Eipuriru Fūru

Poisson d'avril

Le saviez-vous ? Le 1er avril est, au Japon également, le jour du poisson d'avril. Farces et fausses nouvelles marquent cette journée. Cependant, le début du mois d'avril a une signification bien particulière au Japon : c'est le début de l'exercice budgétaire du gouvernement et c'est aussi le début de l'année scolaire.

2 avril

上

JŌ, ue, uwa, nobo(ru), age(ru)

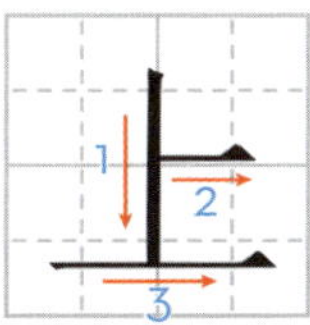

Au-dessus, sur

À l'origine, ce caractère ne comprenait que deux traits placés l'un au-dessus de l'autre. Il signifie « le haut », « ce qui est au-dessus ». En tant que verbe, ce caractère a le sens « d'élever », « soulever » ou « donner ».

Signe ancien

Les rangements dans la maison japonaise

Dans une chambre traditionnelle japonaise, vous trouverez des placards à portes coulissantes appelés 押し入れ oshi ire, littéralement « pousser et mettre ». On y range les futons (les matelas japonais) afin de laisser respirer les tatamis dans la journée. Cela permet d'utiliser la pièce entière. Autre type de rangement, plus petit, le tiroir ou 引き出し hikidashi, qui, littéralement, signifie « tirer et sortir ».

4 avril

下

Au-dessous, sous

下 est le pendant de 上 et symbolise « ce qui est en bas », « sous la base ». En tant que verbe, ce caractère a le sens de « descendre », « réduire » et « décliner ».

KA, GE, shita, moto, sa(geru), kuda(ru)

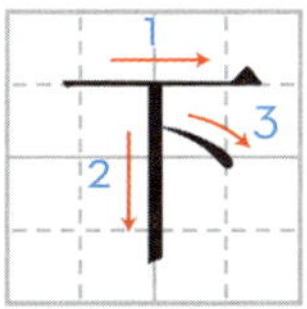

Signe ancien

花見

Hanami

La contemplation des cerisiers en fleurs

Ce mot, qui littéralement signifie « regarder les fleurs », est le nom donné à la coutume japonaise très répandue d'admirer les fleurs, notamment les fleurs de cerisiers. Chaque année, entre fin mars et début avril, lors de la floraison des cerisiers, les Japonais profitent de ce moment pour apprécier la beauté des fleurs et vont pique-niquer ou chanter sous les sakura (cerisiers) en fleurs.

6 avril

見

KEN, mi(ru)

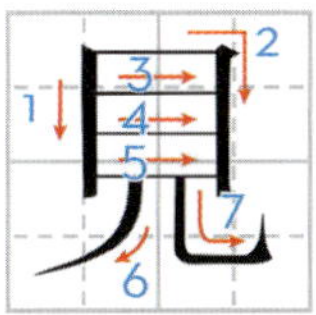

Regarder, voir

Le signe archaïque représente un œil sur des jambes. Cette association d'idées permet d'exprimer le sens de « regarder ».
On retrouve ce caractère dans 花見 hanami, la célèbre « contemplation des cerisiers ».

Signe ancien

Résister aux tremblements de terre

Depuis le tremblement de terre de Kobé de 1995, toutes les nouvelles constructions au Japon sont conçues pour résister aux tremblements de terre et une grande partie des bâtiments anciens ont également été réhabilités pour y correspondre. C'est aujourd'hui le pays le mieux préparé pour résister à ce genre de catastrophe. En revanche, la situation est malheureusement tout autre en cas de tsunami, 津波.

8 avril

け KE

Observez le bas du trait de gauche de け KE et l'extrémité droite du trait du haut de こ KO. Vous remarquez que le trait effectue un retour, c'est la trace du pinceau qui était traditionnellement utilisé pour écrire.

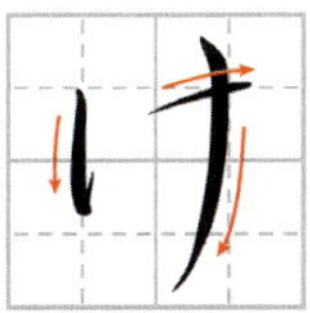

9 avril

ケ KE

On retrouve le katakana ケ dans ケーキ kēki, qui vient de l'anglais *cake* et signifie « gâteau ».

Mesures d'aires

Saviez-vous qu'au Japon, on ne mesure pas la surface des pièces d'une maison ou d'un appartement en mètres carrés mais en 坪 tsubo, c'est-à-dire en unité de deux tatamis, soit environ 3 m² ?

入学式

Nyūgaku shiki

Cérémonie d'accueil des élèves

La rentrée des classes a lieu à la mi-avril au Japon. Événement important, le jour de la rentrée des classes est marqué par des cérémonies pour accueillir les nouveaux élèves dans les écoles et les préparer le mieux possible à la vie scolaire. La plupart des écoliers japonais portent des uniformes et souvent un chapeau.

大豆

daizu

Le soja

Aliment de base de la cuisine japonaise, il est à la fois peu calorique et riche en protéines. On le consomme sous de multiples formes : en sauce, en bloc (tofu), en pâte épaisse (miso) ou en fèves fermentées (natto).

13 avril

食

SHOKU, ta(beru), ku(u)

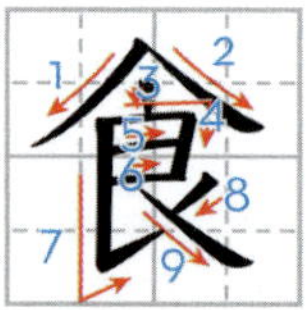

Manger

Le caractère ancien représente une bouche au-dessus d'un bol de riz posé sur un support. D'où l'idée de manger, symbolisée par le caractère actuel.
On retrouve ce kanji dans les mots 食事 shokuji, « repas » et 定食 teishoku, « menu ».

Signe ancien

高山祭

Takayama matsuri

Le festival Takayama

Ayant lieu au printemps (Sanno matsuri) et à l'automne (Hachiman matsuri), c'est l'un des plus grands festivals du Japon qui se déroule pendant deux journées, les 14 et 15 avril, à Takayama, au centre de l'île de Honshu. Le long de la rivière Miyagawa, des processions de chars, les yatai, décorés de lanternes en papier, attirent une foule nombreuse.

15 avril

Écrire une adresse

Pour écrire une adresse en japonais, il suffit de l'écrire de façon inverse par rapport au français, du général au particulier : d'abord le code postal précédé du symbole 〒, ensuite le nom de la ville, puis on indique le nom de l'arrondissement, celui du quartier et enfin le nom du destinataire suivi de 様 sama, suffixe honorifique signifiant M., Mme et Mlle.

16 avril

右

YŪ, U, migi,

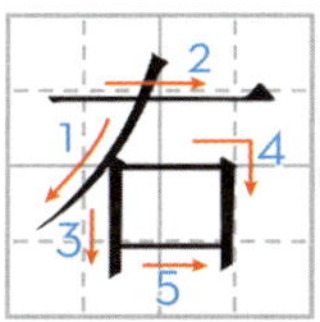

Droite

Ce caractère est composé de la main dans sa forme abrégée ナ et de la clé de la bouche 口. Avant l'invention des baguettes, c'est la main droite qui était utilisée pour apporter la nourriture à la bouche. Le côté droit était traditionnellement associé aux éléments fastes et à l'honneur. Actuellement, c'est plutôt le côté gauche.

Signe ancien

Se repérer dans les villes japonaises

À Tokyo (東京都), par exemple, la ville est divisée en arrondissements, ku 区, eux-mêmes divisés en machi 町, chōme 丁目, banchi 番地 et enfin gō 号. Par ailleurs, les numéros des maisons, sont, semble-t-il, attribués en fonction de la date de construction. Pas de panique cependant, utilisez plutôt les magasins ou bâtiments officiels comme point de repère ! En outre, les agents du kōban 交番 (poste de police) et les Japonais se feront un plaisir de vous renseigner.

味噌汁

misoshiru

La soupe miso

Le bouillon est conçu à partir de bonite séchée et d'algues konbu. On y ajoute de la pâte de soja fermentée, du radis blanc japonais, des algues wakame, puis, selon les recettes, des légumes de saison, du tofu ou des fruits de mer. Attention, ce mot se prononce avec le son « s » et non avec le son « z ».

19 avril

左

Gauche

Ce caractère est composé de la main dans sa forme abrégée ナ et de la clé de l'équerre, du travail. Il désigne la main qui tient l'outil.

SA, SHA, hidari

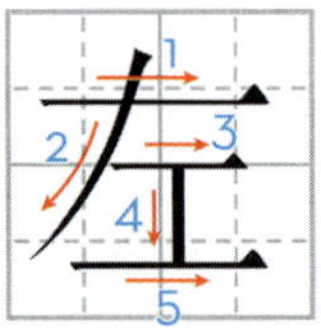

Signe ancien

旅館

ryokan

Les ryokan

Les ryokan sont des auberges traditionnelles combinant toutes les caractéristiques des maisons japonaises : cloisons en papier, boiseries, etc. Les pièces n'ont que très peu de mobilier et sont transformées, au fil de la journée, de salle à manger en chambre. On y dort sur des futons ou des tatamis. La salle d'eau, généralement commune, comprend un énorme bain, souvent alimenté par des sources chaudes naturelles, dans lequel on n'entre qu'une fois soigneusement lavé !

21 avril

こ KO

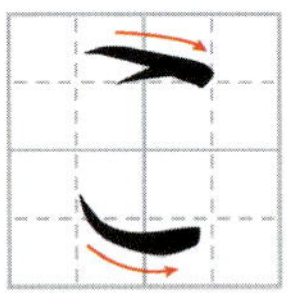

Le hiragana KO se trace en deux traits. On le retrouve dans le mot おこさん okosan qui signifie « enfant ».

コ KO

Ce katakana se trace en deux traits. Le coq japonais chante en faisant コケコッコー kokekokkō, qui est l'équivalent de « cocorico » !

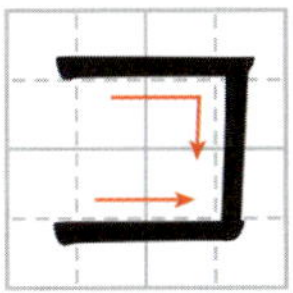

布団

Futon

Le futon

C'est le lit traditionnel japonais ou sorte de matelas plat et souple que l'on pose à même le sol en tatamis le soir pour dormir. Une couette et un oreiller accompagnent le futon. Le matin, on plie le futon et on le range dans un placard à futons pour le dérouler le soir suivant.

24 avril

休

KYŪ, yasu(mu), yasu(maru) ; yasu(meru)

Se reposer

Dans le dessin ancien, un homme est adossé à un arbre : il se repose. On retrouve ce kanji dans l'expression おやすみなさい oyasuminasai, qui signife « bonne nuit » !

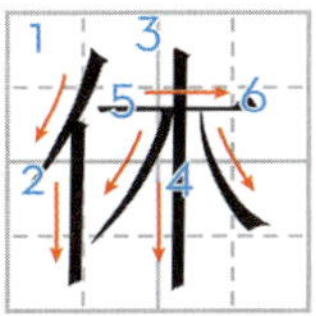

Signe ancien

鍋

nabe

Le nabe

Particulièrement apprécié en hiver, le nabe, qui signifie « marmite », est un plat familial que l'on peut comparer à une fondue ou un pot-au-feu. Un réchaud est placé au centre de la table et on y laisse mijoter quantité d'ingrédients, tofu, chou chinois, nouilles, viande, etc., dans un bouillon aromatisé. Le nabe varie selon les goûts et les régions.

Notez que SA peut aussi se tracer de deux façons : comme indiqué dans le tracé ou avec une boucle en bas (さ), comme ci-contre. Lorsque l'on ajoute ゛ (signe familièrement appelé tenten) à la série des hiragana en S, on obtient ざ ZA, じ JI, ず ZU, ぜ ZE, ぞ ZO.

27 avril

サ SA

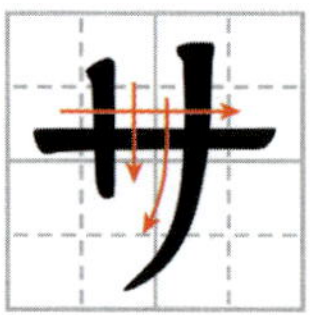

Comme pour le hiragana, si on ajoute deux petits traits, le tenten, au katakana SA, on obtient le son voisé [z]. ザーザー zā zā designe le bruit de la pluie ou de l'écoulement de l'eau.

畳

tatami

Le tatami

C'est une sorte de natte traditionnelle japonaise qui recouvre le sol des maisons, mais également des temples. L'agencement des tatamis est modulable. Les tatamis ont des dimensions standard, ce qui fait que la surface d'un tatami est devenue l'unité de mesure, jō, des surfaces. C'est par ailleurs le nom que l'on donne aux tapis de sol sur lesquels se pratiquent les arts martiaux.

昭和の日

Shōwa no Hi

La journée de commémoration de l'empereur Shōwa

Le 29 avril, les Japonais célèbrent l'anniversaire du dernier empereur Shōwa, l'Empereur Hirohito, qui a régné de 1926 à 1989. Cette journée marque le début d'une période de quatre jours fériés : le 29 avril, le 3, le 4 et le 5 mai. À cette période, la plupart des Japonais prennent des vacances. Les écoles et les universités sont fermées et les salariés des entreprises en profitent souvent pour partir une semaine, d'où le nom de Golden Week.

座

ZA, suwa(ru)

S'asseoir

Le caractère chinois d'origine représente deux hommes assis sur le sol. Dans le caractère actuel, un toit 广 a été placé au-dessus d'eux.

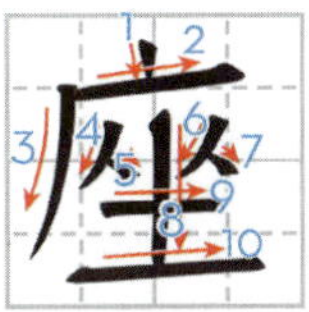

坐 Signe ancien

Mai

1er mai

し SHI

Il existe deux façons de transcrire le son ji : じ et ぢ (ち auquel on ajoute ces fameux deux petits traits). Cependant, c’est じ qui est généralement utilisé pour transcrire le son ji.

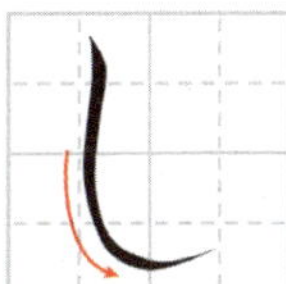

2 mai

シ SHI

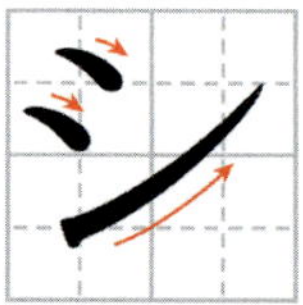

Le son ji peut être transcrit ジ et ヂ, c'est-à-dire チ CHI et les deux petits traits du tenten. Mais dans la plupart des cas, c'est ジ qui est utilisé pour transcrire le son ji, comme dans ジーンズ jīnzu, qui signifie « jean ».

3 mai

憲法記念日

Kenpō kinen bi

Jour de la Constitution

C'est pendant la Golden Week que les Japonais commémorent l'entrée en vigueur le 3 mai 1947 de la constitution promulguée le 3 novembre 1946. Cette nouvelle constitution diffère de la précédente en ces points essentiels : une monarchie parlementaire, le pacifisme constitutionnel et la protection des libertés fondamentales. Ce jour-là, les Japonais ont pour coutume de faire un vœu pour la prospérité du pays. Le 3 mai est un jour férié au Japon.

みどりの日

Midori no hi

Fête de la nature

Initialement célébrée en tant que « journée verte », le 29 avril, en commémoration de l'anniversaire de l'empereur Hirohito passionné de nature, cette fête nationale est aujourd'hui célébrée le 4 mai. Ce jour-là, les Japonais nettoient les espaces publics, plantent des arbres et se mobilisent pour la protection de l'environnement.

こどもの日

Kodomo no hi

Jour des enfants

Si ce jour célèbre aujourd'hui tous les enfants, traditionnellement, il s'agit surtout de la fête des garçons. Des casques de samouraï miniatures sont exposés sur des coussins de soie. Cette fête a également pour symbole la carpe (koï) qui représente la force et la persévérance. Des poissons géants, sortes de manches à air peintes, sont accrochés à des mâts. Chaque poisson représente, selon sa taille et sa couleur, un membre de la famille.

かしわ餅

kashiwamochi

kashiwa-mochi

C'est la pâtisserie dégustée à l'occasion de la fête nationale de Kodomo no hi. Ce mochi, gâteau de riz gluant, est fourré de pâte de haricots rouges sucrée et entouré d'une feuille de chêne. Celle-ci représente la prospérité car les feuilles ne tombent qu'après l'apparition de nouveaux bourgeons.

猫

BYŌ, neko

Le chat

La partie de gauche du caractère ancien représente un animal, la partie de droite étant un élément purement phonétique, miaó, qui rappelle le cri de l'animal.

Signe ancien

猫カフェ

Neko kafe

Café à chats

L'idée du café à chats, neko signifiant « chat », est née à Taïwan et a été introduite au Japon en 2004. C'est un bar ou un café dont la particularité est d'héberger un grand nombre de chats avec lesquels les clients peuvent interagir. Ce type de bar à thème est un concept très populaire au Japon.

9 mai

す SU

De la même manière que pour し SHI, on peut transcrire le son zu a l'aide de ず et づ. Cependant, c'est ず qui est généralement employé pour transcrire le son zu.

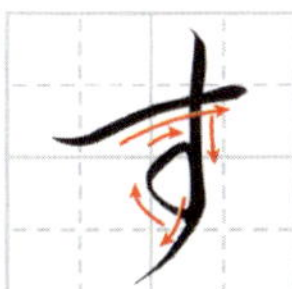

10 mai

ス SU

En katakana, le son zu est transcrit ズ et ヅ : ツ et les deux petits traits placés en haut du caractère. Mais ヅ est rarement utilisé. Ainsi, チーズ chīzu, de l'anglais *cheese* signifie « fromage ».

11 mai

Le bain

Le bain est un moment privilégié quotidien au Japon auquel nul ne saurait déroger. C'est l'occasion non pas de se laver mais de se délasser et de se purifier l'esprit. Ne commettez surtout pas l'irréparable en vous savonnant dans le bain ! Il convient en effet de se laver et de se rincer à l'extérieur de la baignoire. N'ajoutez pas non plus d'eau tiède dans l'eau du bain, même si vous trouvez la température de l'eau, qui se situe entre 40° et 56°, trop chaude. Ceux qui passeraient après vous risqueraient de trouver l'eau bien froide !

12 mai

犬

KEN, inu

Le chien

Le signe archaïque représente l'animal dressé sur ses pattes pour saluer son maître. Attention à ne pas confondre ce kanji avec 大 ō(ki) qui signifie « grand ».

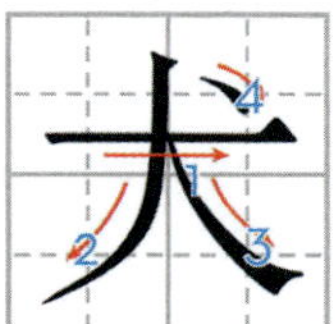

Signe ancien

Les bains publics

Même si les bains publics connaissent une fréquentation moindre depuis la deuxième moitié du 20e siècle, époque à laquelle la majorité des logements japonais se sont équipés de salles de bains, ils sont encore très prisés par les Japonais. C'est l'occasion de se retrouver en famille ou entre amis (du même sexe) ou de bénéficier de l'accès à un sauna.

La « tenue correcte exigée » est minimaliste : pas de maillot de bain mais une petite serviette si vous le souhaitez ! Enfin, sachez que si votre corps est recouvert de tatouages, vous pourrez vous rhabiller ! Cette mesure a été prise afin de refuser l'entrée aux yakuzas, dont le corps est parfois tatoué de la tête aux pieds !

Des endroits pas mixtes

L'entrée des bains publics pour les hommes est généralement sur la gauche, vous la reconnaîtrez grâce à un rideau bleu sur lequel vous verrez le signe 男 "otoko" ou 殿様 "dono-sama". Un rideau rouge, généralement à droite, avec le caractère 女 "onna" indique l'entrée des femmes. Dans le doute, demandez !

神田祭

Kanda matsuri

Festival kanda à Tokyo

Il se tient à la mi-mai à Tokyo les années impaires. C'est l'un des trois grands festivals shinto du Japon qui a lieu dans l'arrondissement de Chiyoda de la capitale. Le point de départ des processions est le sanctuaire shinto Kanda -myōjin fondé en 730 et qui a pris de l'importance pendant l'époque Edo (1603-1868) lorsque le shogun Tokugawa Ieyasu y célébrait ses victoires. Le festival dure une semaine mais les principales processions ont lieu au cours du week-end autour du 15 mai. Le shintoïsme est la religion la plus ancienne du Japon.

魚

GYO, sakana, uo

Le poisson

Le signe d'origine est clairement pictographique : on reconnait un poisson couvert d'écailles avec ses nageoires et sa queue. Dans le caractère actuel, la tête est représentée par ⺈, le corps par un carré rayé 田, les écailles et la queue par 灬.

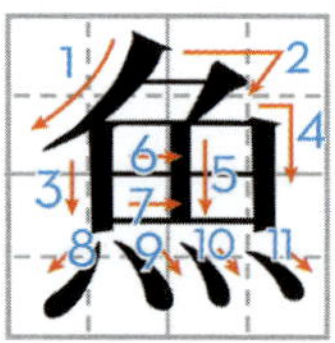

Signe ancien

17 mai

Le poisson

On trouve au Japon une très grande variété de poissons que l'on mange crus, grillés, sautés, fumés ou bouillis. Le poisson est une composante importante de l'alimentation des Japonais qui en mangent à presque tous les repas, même au petit déjeuner.

すし / 寿司

sushi

Les sushis

Les sushis sont composés d'une boulette de riz vinaigré couverte par une lamelle de poisson cru ou des fruits de mer. Au Japon, leur prix varie considérablement selon qu'ils sont présentés sur un tapis roulant ou dans des restaurants haut de gamme.

せ SE

Le hiragana SE se trace en 3 traits. On le retrouve dans せかい sekai, qui signifie « monde ».

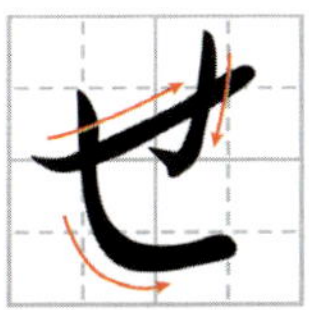

20 mai

セ SE

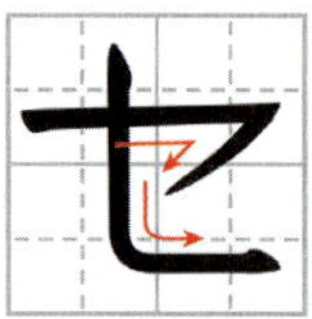

On retrouve ce katakana dans セーター sētā vient de l'anglais *sweater* et signifie « pull ».

豊洲市場

Toyosu Shijō

Le marché au poisson de Toyosu

C'est le plus grand marché au poisson de Tokyo. Installé dans un complexe très moderne, il a ouvert en 2018 et a remplacé le célèbre marché de Tsukiji. Visite impérative pour les amateurs de poisson et pour les lève-tôt qui devront s'y rendre dès 5h en bateau !

22 mai

牛

La vache, le bœuf

Le caractère ancien représente la tête d'un bœuf, avec ses cornes vers le haut et ses oreilles à l'horizontale.

GYŪ, ushi

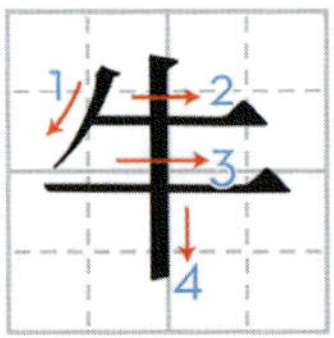

Signe ancien

La viande

Après l'Ère Meiji, la viande consommée par les Japonais était essentiellement de la volaille. Aujourd'hui, chaque région a sa spécialité, qu'il s'agisse de bœuf, de porc ou de poulet. Ces viandes se consomment en fondue, comme dans les délicieux sukiyakis, en brochettes ou panées.

神戸ビーフ

Kōbe bīfu

Le bœuf de Kobe

De renommée mondiale, la viande de bœuf de Kobe est très appréciée des amateurs de viande rouge persillée du monde entier pour son goût légèrement iodé et sa texture fondante. Cette race bovine tajima est exclusivement élevée dans la préfecture de Hyōgo, dont Kobe est la capitale, d'où son nom. Elle se nourrit, pendant les premiers mois, d'herbe des plaines exposées à l'air marin de Kobe, puis de riz et même de bière ! Le bœuf de Kobe bénéficie d'une appellation d'origine.

25 mai

そ SO

On retrouve ce hiragana dans みそしる, miso shiru, la soupe miso ou dans そら sora, qui signifie « ciel ».

26 mai

ソ SO

Attention, ソ SO ressemble beaucoup à deux autres katakana : リ RI et ン N ! Pour bien l'écrire, les deux traits de ソ SO ne doivent pas être parallèles et le petit trait de gauche ne doit pas être horizontal.

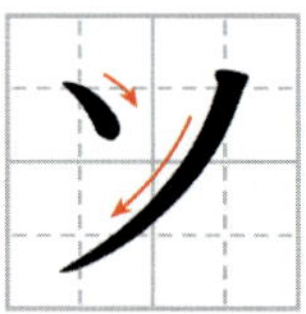

27 mai

渋谷区

Shibuya-ku

Le quartier de Shibuya à Tokyo

C'est l'un des 23 arrondissements de Tokyo. Quartier très animé et fréquenté par les étudiants, Mecque de la mode, c'est l'endroit à ne pas manquer dans la capitale. Écran gigantesque, bain de foule et shopping sont au programme !

横断歩道

ōdanhōdō

Les passages piétons

Le carrefour piéton de Shibuya à Tokyo, connu également sous le nom de Hachiko, est traversé par plus de 100 000 personnes par jour et par plus de 2000 personnes en même temps aux heures de pointe. Son secret ? Outre les quatre passages cloutés qui relient chaque coin du carrefour, il y a une trajectoire en diagonale !

鳥

CHŌ, tori

L'oiseau

Dans le signe ancien, on distingue un oiseau avec ses ailes, ses pattes, son bec et son œil.

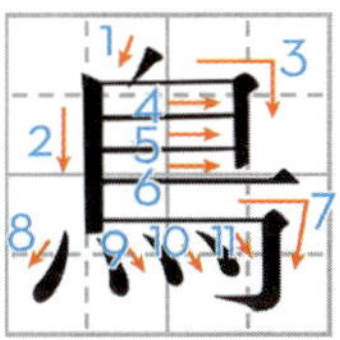

Signe ancien

焼き鳥

Yakitori

Les brochettes de poulet

Elles sont grillées au charbon de bois sur des piques en bambou. Selon les goûts, elles sont arrosées de jus de citron pressé ou trempées dans une sauce légèrement sucrée.

カラオケ

Karaoke

Le karaoké

C'est une activité très prisée par les Japonais lorsqu'ils sortent entre amis. Cependant, les Japonais ne chantent pas devant un public. Ils se retrouvent pour boire un verre, discuter et chanter en toute intimité dans une petite salle à l'usage réservé, un karaoké box, concept incontournable de la vie culturelle japonaise ! Karaoke est un raccourci composé de kara, issu de karappo 空っぽ, qui veut dire « vide », et de oke, de ōkesutora オーケストラ qui, signifie « orchestre ».

Juin

1er juin

た TA

On retrouve ce hiragana dans le mot たけ take, qui signifie « bambou ».

2 juin

タ TA

N'oubliez pas le dernier petit trait afin dc ne pas confondre タ TA avec ク KU. On retrouve ce katakana dans ギター gitā qui veut dire « guitare ».

3 juin

Les bonnes manières concernant l'alcool

Les boissons alcoolisées accompagnent les repas et les réunions entre amis. Il est mal vu lorsque l'on est invité de se servir soi-même à boire. Il faut donc servir son voisin, qui se charge alors de vous servir. L'hôte veille de toute façon à ce que les coupes des invités ne soient jamais vides. Pour trinquer, dites 乾杯 kanpai !

4 juin

飲

IN, no(mu)

Boire

Le signe archaïque est très visuel : une personne se penche (à droite) au-dessus d'une bouteille d'alcool (à gauche).

Signe ancien

梅雨

Tsuyu

La saison des pluies

Elle s'étale de début juin à fin juillet selon les régions. Seule l'île d'Hokkaido est épargnée. Le mot Tsuyu signifie littéralement « pluie de prunes », car la saison des pluies correspond au moment de la cueillette des prunes japonaises (ume 梅). Si le Japon ne connaît pas de mousson, cette saison des pluies apporte des précipitations abondantes et le taux d'humidité dans l'air augmente considérablement.

6 juin

梅干

umeboshi

Les prunes (*ume*) salées

Les prunes japonaises ne sont pas consommées nature. Les umeboshi sont macérées dans le sel, d'où leur saveur. Elles sont très populaires au Japon et on les mange généralement avec du riz. Elles décorent souvent les plats de riz, rappelant ainsi le drapeau japonais. Elles sont également utilisées pour farcir les onigiri, ces boules de riz entourées d'une feuille de nori.

姫路

Himeji

Himeji

Le château de Himeji, surnommé « château du héron blanc » en raison de sa couleur blanche, est inscrit au patrimoine mondial de l'Unesco. C'est un trésor culturel du Japon et le plus grand château du pays. Reconnaissable à ses donjons en bois, c'est l'un des plus anciens bâtiments de l'époque médiévale qui a résisté au tremblement de terre de Kobe en 1995. De nombreux films japonais ou internationaux y ont été tournés.

8 juin

ち CHI

Ce hiragana s'écrit en deux traits. On le retrouve par exemple dans le mot ちず chizu, qui signifie « plan ».

チ CHI

On retrouve ce katakana dans ハチ hachi qui signifie « abeille ».

10 juin

酒

Sake

Le saké

Attention, sake est un terme générique désignant l'alcool en général. Lorsque l'on parle de l'alcool de riz que nous connaissons sous le nom de saké, c'est le mot 日本酒 nihonshu qu'il convient d'employer. Le saké est servi tiède. Il peut aussi être servi froid dans de petites boîtes carrées appelées ます (on pose du sel sur l'un des coins). Enfin, pour les cérémonies, on utilise des tonneaux de saké entourés de natte de paille, appelés komokaburi (薦被り).

羊

YŌ, hitsuji

Le mouton, la chèvre

Le signe archaïque représente un bélier dont on voit clairement les cornes, les oreilles et le museau allongé. Par la suite, ce kanji a également pris le sens de chèvre.

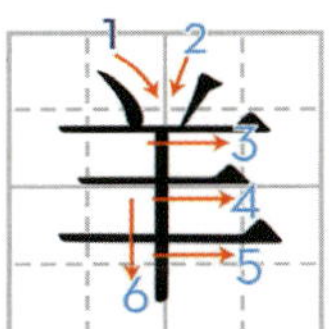

Signe ancien

鉄板焼き

teppanyaki

Le teppanyaki

Le teppanyaki, qui littéralement signifie « grillé sur une plaque en fer » est un mot japonais désignant un mode de cuisson où l'on fait griller des aliments – viande, poisson, fruits de mer, champignons, nouilles – sur une plaque en fer.

新宿御苑

Shinjuku Gyoen

Le jardin impérial
de Shinjuku

C'est l'un des plus grands parcs de Tokyo, célèbre pour ses cerisiers, près de 1 500, dont la floraison s'étale de mi-mars à fin avril. Il se situe dans les arrondissements de Shinjuku et de Shibuya. C'est un véritable havre de paix au pied des gratte-ciels très apprécié des Tokyoïtes.

14 juin

馬

BA, uma

Le cheval

Dans le signe ancien, on reconnait assez aisément le quadrupède doté d'une crinière et d'une queue.

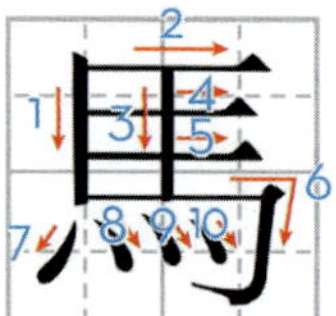

Signe ancien

15 juin

Faites un vœu !

Composé des caractères « peinture, dessin » et « cheval » 絵馬 ema, ce terme désigne une petite plaquette de bois que l'on trouve dans les temples shinto sur laquelle on écrit ses vœux : bonne santé, réussite aux examens, rencontre amoureuse… Ces plaquettes sont souvent décorées d'une image de cheval en souvenir des dons que faisaient les riches Japonais en échange de bénédictions. Les fidèles accrochent leurs plaquettes à des portiques afin qu'elles soient lues par les Kami (dieux).

Les arts martiaux

Les arts martiaux japonais, qu'ils soient traditionnellement japonais comme le judo, le kendo ou encore le sumo, ou qu'ils aient été importés comme le karaté, sont très nombreux, mais ils ont tous pour valeur commune le respect et notamment celui témoigné envers le professeur, 先生 sensei. Trois termes sont utilisés pour désigner les arts martiaux. Budō 武道 (voie de la guerre) est un terme moderne qui regroupe des notions non seulement physiques mais aussi morales et spirituelles. Bujutsu 武術 (techniques de la guerre) et bugei 武芸 (art de la guerre ou art martial) ont des significations plus restreintes.

17 juin

体

TAI, TEI, karada

Le corps

Le caractère ancien est composé de 豊 « prospérité » (actuellement abrégé en 亻) et de 骨 « os » (actuellement abrégé en 本) : l'homme peut prospérer grâce à son corps.

Signe ancien

Le Nippon Budokan

Un budokan 武道館, qui signifie « maison où l'on pratique des arts martiaux, est un dojo 道場, c'est-à-dire un lieu consacré à la pratique des budō, arts martiaux, ou à la méditation. Construite pour accueillir les jeux Olympiques de Tokyo de 1964 et destinée à l'origine aux arts martiaux, notamment au judo, cette arène accueille également des concerts de rock. Les Beatles s'y sont produits en 1966 et, plus tard Clapton, Sinatra ou Diana Ross.

19 juin

つ TSU

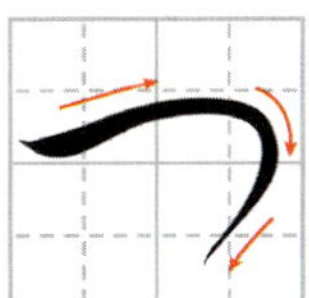

Le hiragana つ TSU existe aussi en petit format. Il sert à redoubler la consonne qui suit : いっかい ikkai signifie « premier étage ».

20 juin

ツ TSU

Comme pour le hiragana, il existe un petit ッ TSU katakana qui, inséré entre deux syllabes, permet de doubler la consonne qui suit, comme dans サッカー sakkā, de l'anglais *soccer*, « football ». Attention à bien tracer ツ TSU afin de ne pas confondre ce caractère avec シ SHI.

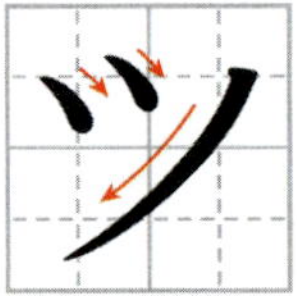

夏

KA, GE, natsu

L'été

À l'origine, le caractère représentait le soleil au-dessus d'une tête, c'est-à-dire un homme sous le soleil brûlant, d'où l'idée d'été. Après plusieurs variations, dont l'ajout de 夂 et la modification de 日 « soleil » en 臼, « deux mains », le kanji a acquis sa forme actuelle.

Signe ancien

柔道

jūdō

Le judo

Le judo, qui littéralement signifie « voie de la souplesse » est un art martial. Conçu au Japon comme pédagogie physique, mentale et morale par Jigorō Kanō en 1882, c'est un art du Budō basé sur l'éthique et la recherche de la maîtrise de soi dans un esprit constructif et non-violent. Il consiste à projeter son adversaire au sol et à l'immobiliser ou à l'obliger à abandonner. Le judo est pratiqué sur un tatami dans une tenue en coton le judogi que nous appelons à tort kimono. C'est une discipline olympique.

Pas de kimonos dans le dojō !

On a tendance à dire kimono en France alors que le terme approprié est jūdōgi 柔道着, soit un vêtement pour faire du judo ! Il suffisait d'y penser ! Kimono 着物 signifie littéralement « la chose que l'on porte ».

24 juin

立

RITSU, RYŪ, ta(tsu), ta(chi)

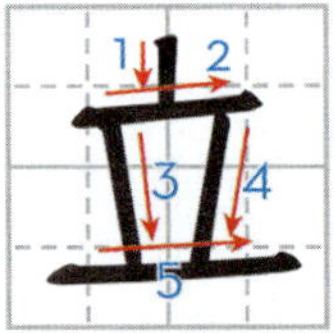

Être debout

立 est issu du dessin ancien qui représente une personne debout, sur le sol, bien campée sur ses jambes.

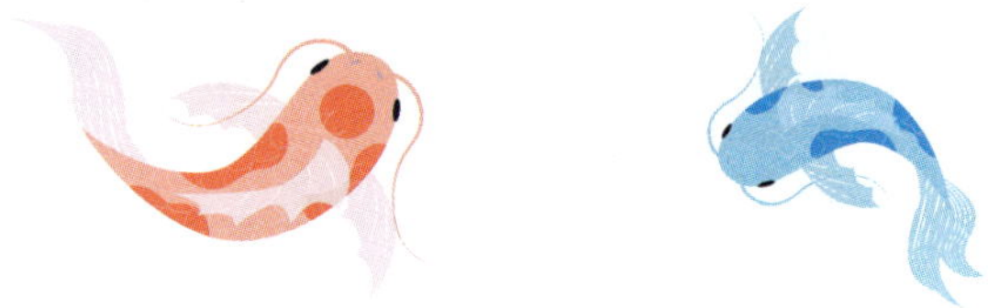

Signe ancien

相撲

sumō

Le sumo

C'est probablement un des plus anciens arts martiaux japonais et les sumotori, plutôt nommés 力士 rikishi ou お相撲さん o sumō san au Japon, fascinent la population. Les lutteurs de sumō peuvent peser jusqu'à 280 kilos. En plus de leur corpulence, on les reconnaît à leur coiffure appelée chon mage : leurs cheveux, lissés avec de l'huile, sont attachés en chignon. Lorsqu'ils prennent leur retraite, ils coupent leurs cheveux au cours d'une cérémonie. Très ritualisé, le combat ne commence qu'une fois que les lutteurs ont frappé le sol de l'arène de leurs pieds afin de chasser les esprits, qu'ils ont purifié la zone de lutte à l'aide de sel et qu'ils ont bu et recraché « l'eau de force ». Le but du combat est de faire sortir l'adversaire de l'arène ou de lui faire toucher le sol. Les femmes ne sont pas autorisées à fouler l'arène. Six grands tournois sont tenus chaque année au Japon.

Le sumo et l'eau

Quand le combat est très long, l'arbitre autorise une pause. C'est ce qu'on appelle 水入り mizuiri ou « mettre de l'eau ». Il y a également le rituel de « l'eau de force » 力水, chikaramizu que le joueur boit puis recrache. C'est l'un des gestes les plus importants avant le début du combat.

27 juin

手

SHU, te

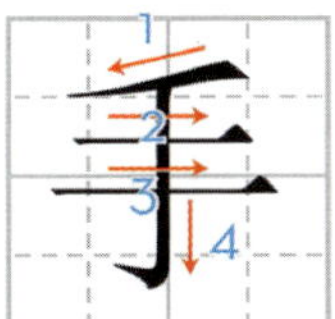

La main

Le dessin ancien représente une main avec les doigts écartés.

Signe ancien

剣道 / 劍道

kendō

Le kendo

Le kendo, littéralement « la voie du sabre », est la version moderne du kenjutsu (剣術, techniques du sabre), l'escrime au sabre pratiquée autrefois au Japon par les samouraïs. Art martial autant que sport de compétition, il est aujourd'hui très répandu au Japon. Outre des techniques de combat au sabre, le kendo comporte un aspect spirituel qui permet aux personnes qui le pratiquent de développer leur force de caractère et leur détermination.

弁当

bentō

Le bento

C'est un repas individuel complet traditionnel composé de diverses préparations : crudités, viande, poisson, nouilles, légumes…, présentées dans une boîte à bento compartimentée fermée, pratique à transporter. Les Japonais mangent des bentos à l'école, au travail et en voyage.

引

IN, hi(ku), hi(ki)

Tirer

Le signe archaïque représente un arc détendu à gauche et tendu à droite. L'arc est tendu car on a « tiré ». La clé « arche » 弓偏 yumihen forme plusieurs caractères. Par exemple, 強(い) KYO tsuyo(i), qui veut dire « fort », 弱(い) JYAKU yowa(i), qui signifie « faible » ou 弦 GEN tsuru, « la corde ».

Signe ancien

Juillet

La cérémonie du thé

Au Japon, pas de « nuage de lait » mais une large variété de saveurs ainsi qu'une série de gestes à suivre à la lettre si l'on veut maîtriser l'art de la cérémonie du thé. Importée de Chine, cette cérémonie appelée 茶の湯 cha no yu (littéralement « eau chaude du thé ») ou 茶道 sadō/chadō (littéralement « voie du thé ») fut codifiée au XVIe siècle par le Maître Sen-no-Rikyū sur la base de principes zen tels que la simplicité ou le raffinement. La cérémonie du thé complète 茶事 (chaji) qui comprend un repas léger, un thé léger et un thé fort peut durer jusqu'à cinq heures. Assis sur les talons en 正座 seiza (littéralement « la position correcte »), on lutte contre les fourmis dans les jambes !

2 juillet

口

KŌ, KU, kuchi

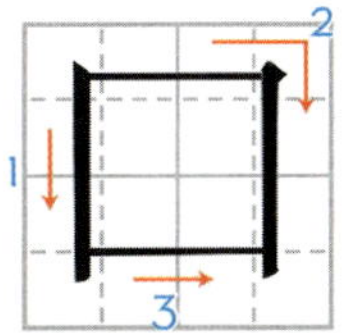

La bouche

Le signe ancien évoque une bouche grande ouverte. Le caractère actuel est très simple et facile à retenir !

Signe ancien

Le raffinement dans la simplicité

Pour les Japonais, le 茶の湯 cha no yu est une discipline spirituelle qui permet d'accéder au 侘び wabi : sérénité et calme de l'âme, dans une extrême simplicité. Cette simplicité s'exprime notamment en termes d'humilité, de profondeur et d'asymétrie.

4 juillet

入る

NYŪ, hai(ru), i(ru), i(reru)

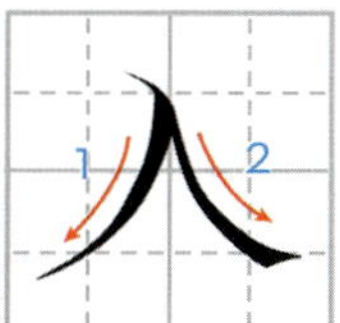

Entrer

Le signe archaïque dessine l'entrée d'une grotte.

Signe ancien

5 juillet

Suivre la voie !

Après une promenade dans les jardins intérieurs et sur invitation de votre hôte, vous pénétrerez dans le pavillon de thé, vous vous purifierez alors en vous lavant les mains et en vous rinçant dans un petit bassin en pierre. Ensuite, vous vous dirigerez vers le tokonoma 床の間 (sorte d'alcôve) où vous admirerez l'arrangement floral, des calligraphies ou encore des estampes. Vous vous installerez enfin, par ordre de prestige, sur le tatami.

Trois gorgées…

Assis en seiza 正座, inclinez la tête lorsque l'on vous tend le bol de thé. Prenez-le de la main droite et déposez-le sur votre paume gauche. De la main droite, faites-le tourner trois fois dans le sens des aiguilles d'une montre. À l'aide de vos deux mains, portez-le à vos lèvres et buvez le thé en trois gorgées. Essuyez ensuite le bol à l'endroit où vous avez posé vos lèvres, tournez-le dans le sens inverse des aiguilles d'une montre et tendez-le à votre hôte.

七夕

Tanabata

La fête des étoiles

Tanabata signifie littéralement « sept soirs ». Cette fête est célébrée le septième soir du septième mois du calendrier lunaire. Une seule fois par an, les étoiles Vega (la Tisserande) et Altaïr (le Bouvier), symboles d'un couple céleste, se croisent en traversant la Voie lactée. Dans les rues, des milliers de guirlandes célèbrent leur rencontre. Lors de festivals nocturnes, des compétitions de chars illuminés de papiers brillants et d'étoiles filantes sont organisées.

8 juillet

て TE

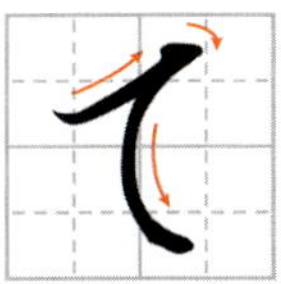

Ce hiragana se trace en un trait, en commençant par le haut. On le retrouve dans てんき tenki, qui signifie « le temps », « la météo ».

9 juillet

テ TE

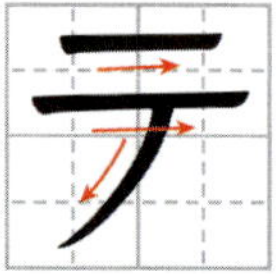

On trouve ce katakana dans le mot テレビ terebi, qui veut dire « télévision ».
Avec les deux petits traits du tenten, デ transcrit le son de. デート dēto vient de l'anglais *date* et signifie « rendez-vous galant ».

Le saviez-vous ?

En fonction du type de thé ou du contexte, on utilise soit le terme provenant du chinois (お) 茶, (o) cha (抹茶 matcha mais aussi 紅茶 kōcha, thé noir ou thé anglais) soit le terme ティー tī, transcription phonétique de l'anglais *tea* (ミルク ティー mirukutī ou thé au lait, アイスティー aisu tī ou thé glacé).

Kyoto

Visiter Kyoto, littéralement « ville capitale », ce qu'elle fut de 794 à 1868, est un incontournable. Cette ville, que l'on peut facilement arpenter en vélo ou en bus pour les moins sportifs, offre un délicieux mélange de tradition et modernité, au milieu des espaces verts. À l'est de la gare de shinkansen et de celle de Kawaramachi, on trouve notamment le temple de Sanjusangendo (三十三間堂) et ses multiples statues de Kannon et, plus au nord, celui de Kiyomizudera (清水寺) et ses trois sources d'eau sacrée, puis le chemin de la philosophie vous conduit au pavillon d'argent, le Ginkakuji (銀閣寺). À l'ouest, le pavillon d'or, le Kinkakuji (金閣寺), et le jardin de pierre du Ryoanji (竜安寺) font eux aussi partie des sites à ne pas manquer. Mais, Kyoto est également une ville où l'on peut flâner et s'arrêter au gré de ses envies.

12 juillet

目

MOKU, me

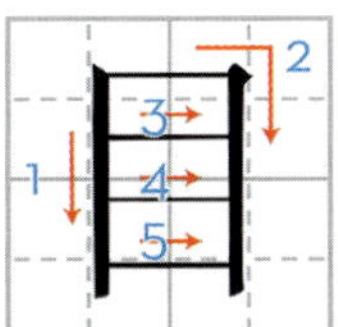

L'œil

Le caractère archaïque reproduit fidèlement le dessin de l'œil, dont le signe moderne est une version verticale.

Signe ancien

お盆
obon

Fête des morts

Cette fête dure trois jours et a lieu du 13 au 15 juillet (Shichigatsu Bon) ou du 13 au 15 août (Hachigatsu Bon), selon les régions. C'est une célébration bouddhiste qui donne lieu à des rites en mémoire des défunts et des ancêtres. Les familles déposent des offrandes dans les temples et sur les autels dans les maisons. Des danses folkloriques destinées à apaiser les âmes des défunts leur sont dédiées (Bon-Odori ou « danse Bon »). Le premier jour, un feu est souvent allumé devant la maison pour accueillir les âmes des ancêtres : c'est l'O-Bon de bienvenue. Le troisième jour, un autre feu est allumé, cette fois afin de dire au revoir aux ancêtres : c'est l'O-Bon d'adieu. De nombreux Japonais vont rendre visite à leur famille dans leur ville natale pendant la fête des morts. La célébration donne de ce fait lieu à l'une des grandes périodes de vacances au Japon.

みたままつり

Mitama matsuri

Festival des lanternes à Yasukuni

Le festival des lanternes se tient tous les ans du 13 au 16 juillet au sanctuaire Yasukuni, situé dans l'arrondissement de Chiyoda au cœur de Tokyo. Les Japonais venus de tout le pays s'y rendent notamment le soir pour admirer les illuminations et participer aux processions et autres spectacles de danse traditionnelle.

聞

BUN, MON, ki(ku), ki(koeru)

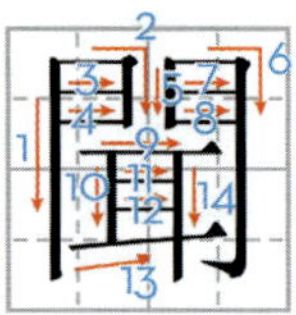

Écouter

Dans le signe ancien, on distingue les deux battants d'une porte. Au milieu, une oreille !

Signe ancien

上野夏祭り

Ueno Natsu Matsuri

Festival d'été de Ueno

C'est dans le parc du quartier de Ueno, situé dans le nord-est de Tokyo, dans l'arrondissement de Taitō, que se tient ce festival d'été qui mêle musique, danses folkloriques, brocante et nénuphars géants. Ce festival dure un mois et attire de nombreux Tokyoïtes. Le 19 juillet a lieu un grand défilé de danseurs folkloriques, de chars et de majorettes japonaises.

祇園祭

Gion Matsuri

Le festival de Gion

Fête populaire, mais aussi célébration ancestrale, ce festival, qui est l'un des plus connus du Japon, se tient à la mi-juillet à Kyoto, dans le quartier habituellement paisible de Gion. La ville s'anime alors de visiteurs, de festivités et d'immenses chars colorés. Inscrite au patrimoine culturel immatériel de l'humanité de l'Unesco en 2009, la cérémonie des chars du festival de Gion a lieu du 1er au 29 juillet près du sanctuaire de Yasaka-jinja. Les trente-deux chars Yamahoko, véritables œuvres d'art ambulantes, sont exposés dans la ville.

18 juillet

海の日

Umi no hi

Le jour de la mer

Rien d'étonnant à ce que le Japon, qui compte près de 7000 îles, célèbre la mer. Le jour de la mer, qui est férié, est le troisième lundi de juillet et marque le début des vacances scolaires. De nombreuses activités liées à la mer sont organisées ce jour-là : compétitions de sports nautiques, événements spéciaux dans les aquariums, etc. Par ailleurs, les Japonais se rendent sur les plages pour profiter de la mer.

L'archipel d'Okinawa

Situé en mer de Chine orientale, à la pointe sud-ouest de l'archipel nippon, Okinawa offre un visage différent du Japon avec son climat subtropical, sa végétation luxuriante et ses belles plages de sable. L'archipel d'Okinawa est constitué de quelque 160 îles où vivent près de 1,4 million d'habitants. La situation géographique privilégiée d'Okinawa a favorisé la biodiversité et a contribué à son cadre de vie idéal. Ses habitants jouissent de l'une des espérances de vie les plus longues au monde grâce à une alimentation saine. L'archipel compte par ailleurs de nombreux sites culturels classés par l'Unesco.

20 juillet

と TO

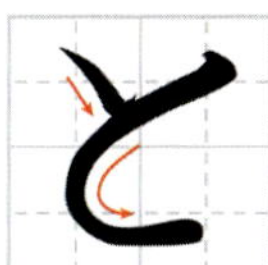

と TO signifie « et » :
玲子さんと真由子さん
Reikosan to Mayukosan :
Reiko et Mayuko.

21 juillet

ト TO

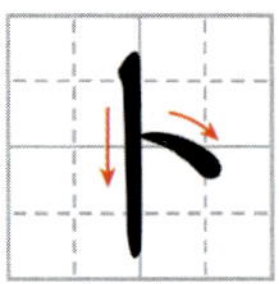

On retrouve ce katakana dans トマト tomato, de l'anglais tomato qui désigne la tomate.
Avec les deux petits traits du tenten, ド transcrit le son do : ドイツ doitsu vient de l'allemand Deutschland qui signifie « Allemagne ».

おにぎり / 御握り

onigiri

Les onigiri

Les onigiri sont des en-cas consistant en de petites boulettes de riz entourées d'une algue nori, très appréciés des Japonais. Ils peuvent avoir plusieurs formes : ronds, triangulaires, en forme de galettes ou rectangulaires et allongés. Le plus souvent, ils sont fourrés d'une prune salée séchée, mais ils peuvent également contenir du thon ou du saumon, ou un autre ingrédient salé ou aigre.

23 juillet

足

SOKU, ashi, ta(riru), ta(su)

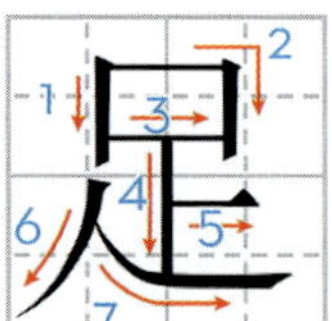

Le pied, la jambe

Ce caractère représente le pied et, dans sa partie haute, l'empreinte qu'il laisse sur le sol.

Signe ancien

La pointure

Pour acheter des chaussures au Japon, armez-vous d'un mètre et… mesurez vos pieds ! En effet, les pointures s'expriment en cm. Sachez qu'un 37 correspond à 23 cm et un 42 à 28 cm. Sachez aussi qu'il vous sera plus facile de trouver chaussures à vos pieds s'ils sont petits.

Des nouilles variées

Qu'elles soient consommées en bouillon, froides ou bien sautées, qu'elles soient avalées debout (tachigui) ou englouties à table, elles doivent toujours être aspirées bruyamment ! On peut manger des udon, nouilles blanches assez épaisses et plates, fabriquées à partir de farine de blé. On peut aussi déguster des soba, nouilles fines fabriquées à base de farine de sarrasin. On trouve aussi des soba vertes, chasoba 茶そば, qui contiennent de la poudre de thé vert, d'autres qui contiennent des feuilles de pérille rouge (紫蘇 shiso) ou encore des zestes de cédrat (柚子 yuzu). On trouve également des nouilles d'origine chinoise : les rāmen et les sōmen. Ces deux types de nouilles sont fabriqués à partir de farine de blé. Les sōmen sont très fines. Il y a parfois également des œufs dans les rāmen (dégustées très souvent en soupes). N'hésitez pas à tester un des très nombreux restaurants de rāmen et aspirez bien vos nouilles ! Sinon les « cup noodles », d'invention japonaise, vous permettent de vous remplir l'estomac en un temps record !

押す

OU, o(su)

Pousser

Le signe archaïque désigne une main poussant une carapace de tortue. En Chine, on utilisait des carapaces de tortue pour la voyance. La clé de la main tehen, située ici à gauche, apparaît dans plusieurs caractères liés à cette partie du corps, tels que « doigt » 指 yubi, « dessiner » 描く ka(ku), « jeter » 捨てる su(teru), « ramasser » 拾う hiro (u) et « avoir » 持つ mo(tsu).

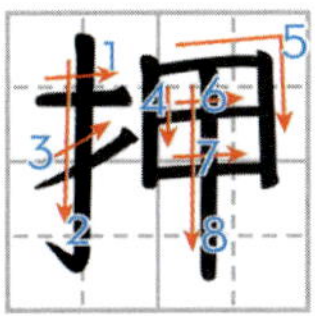

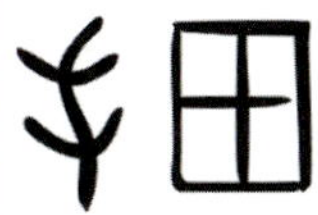

Signe ancien

Poussez et tirez !

押す « pousser » et 引く « tirer » sont des mots que vous verrez souvent sur les portes au Japon. Mais d'autres caractères vous seront aussi très utiles : 男性 « homme » , 女性 « femme », 開 « ouvrir » et 閉 « fermer ».

28 juillet

東

TŌ, higashi

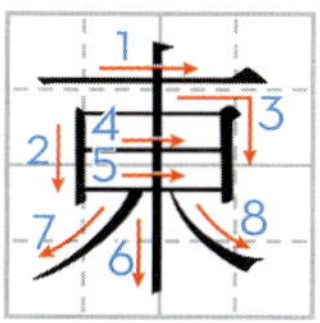

L'est

Composé de la clé de l'arbre 木 et du caractère du soleil 日, ce kanji, très proche du caractère ancien, représente le soleil se levant derrière un arbre et indique logiquement l'est.

Signe ancien

La capitale

La capitale, Tokyo, 東京 se décompose comme étant la capitale 京 de l'est 東. Le caractère 東 est parfois utilisé de façon métonymique pour symboliser la capitale elle-même. Ainsi 東上 signifie « aller à Tokyo », « monter à Tokyo ».

Tokyo

La capitale de l'est (東京) ne manque pas d'attraits que l'on soit attiré par la tradition - temple de Sensōji à Asakusa, sanctuaire Meiji, palais impérial ...- ou par la modernité : quartiers de Shinjuku, Shibuya, Harajuku. Les amateurs de luxe ne sont pas en reste et vont flâner sur Omotesando et Ginza. Les fous de technologie, quant à eux, se rendent à Akihabara. Une découverte du futur se fait en passant à Odaiba.

L'étranger

On utilise ce caractère 外 pour parler de l'étranger 外国 gaikoku (extérieur + pays) et aussi des étrangers 外国人 gaikokujin (extérieur + pays + personne), souvent abrégé en 外人 gaijin. Si vous visitez des lieux touristiques, vous risquez peut-être d'entendre de jeunes écoliers vous appeler ainsi !

Août

1er août

花

KA, hana

La fleur

Ce caractère est composé de la clé de l'herbe 艸, abrégée en 艹, sous laquelle on retrouve le caractère 化 qui symbolise la transformation. L'ensemble, 花, représente ainsi la transformation d'un bourgeon en fleur.

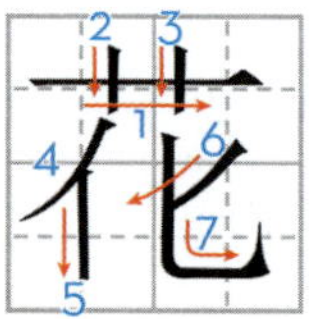

Signe ancien

2 août

青森ねぶた祭り

Aomori Nebuta Matsuri

Le festival Nebuta d'Aomori

Le festival des chars Nebuta célébré tous les ans du 2 au 7 août à Aomori est un événement spectaculaire qui attire de nombreux Japonais ainsi que des touristes. Des processions de chars, impressionnants par leur taille et conçus chaque année pour le festival, accompagnés de tambours taiko, de musiciens et de danseurs, ont lieu tous les soirs. Les lanternes de papier mâché qui les composent représentent des personnages mythiques, des dieux, mais aussi des personnalités locales ou des personnages de séries télévisées. Le festival se termine par un feu d'artifice qui dure deux heures !

3 août

な NA

Le hiragana な NA est utilisé comme terminaison des adjectifs nominaux : きれいな花 kireina hana, « une jolie fleur ». Pour ce type d’adjectifs, on emploie に NI afin d’obtenir des adverbes : きれいに kirei ni, « joliment ».

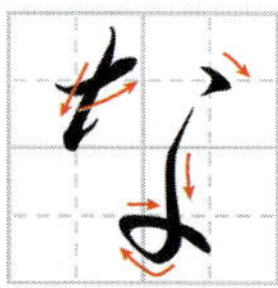

4 août

ナ NA

Attention à ne pas confondre ce katakana avec メ ME. ナタリー natarī est la transcription du prénom « Nathalie ».

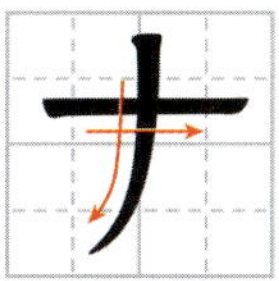

5 août

生け花

ikebana

La composition florale

Le mot ikebana vient de « ikeru » 生ける, faire vivre et « hana/bana » 花, fleur. La composition florale doit comporter trois fleurs afin de se conformer à la triade terre-homme-ciel. Une de ces fleurs (sauvages et cultivées) est haute alors que les deux autres sont basses. Le tokonoma 床の間, sorte d'alcôve des maisons japonaises, est le lieu idéal pour accueillir ces compositions florales.

La mémoire d'Hiroshima

La destruction d'Hiroshima lors du bombardement atomique le 6 août 1945 par l'armée de l'air américaine est commémorée chaque année au Japon pour rendre hommage aux 140 000 personnes qui y ont perdu la vie. La bombe *Little Boy* a fait de nombreuses victimes sur le coup et beaucoup d'autres sont décédées des suites de leurs blessures ou des radiations dans les semaines et les mois qui ont suivi. A 8h, le 6 août, une cérémonie a lieu dans le parc du Mémorial de la paix d'Hiroshima. À 8h15 précises, heure exacte du bombardement, les Japonais observent une minute de silence. Lors de la cérémonie des lanternes flottantes, tōrō nagashi, des lanternes multicolores portant des messages de paix et d'espoir écrits par les habitants de la ville sont déposées sur les eaux du fleuve Motoyasu, en face du Dôme de la bombe atomique.

木

BOKU, MOKU, ki, ko

L'arbre

Le signe ancien représente un tronc, avec les branches en haut et les racines en bas. En tant que clé 木, il apparaît dans de nombreux caractères en rapport avec le bois ou l'arbre. Par exemple, 柱 hashira, « pilier », 桜 sakura, « cerisier » ou 桃 momo, « pêche ».

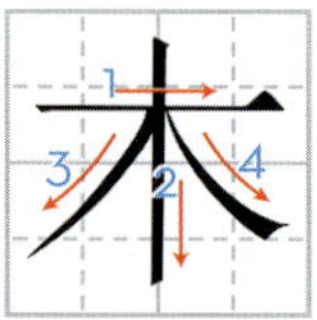

Signe ancien

盆栽

bonsai

Les bonsaïs

Les bonsaïs (arbres miniatures) sont des plantes, 栽 sai, cultivées sur des plateaux, 盆 bon. Cette culture miniaturisée de plantes et d'arbres est un art traditionnel japonais originaire de Chine. Guidé par une recherche esthétique, il s'agit, par des techniques de taille des branches et des racines et un modelage de la forme, d'obtenir un arbre plus beau et dont l'apparence est plus élaborée que la version originale que l'on trouve dans la nature.

La mémoire de Nagasaki

Le 9 août 1945, trois jours après le premier bombardement atomique de l'histoire sur la ville d'Hiroshima, une deuxième attaque nucléaire américaine a eu lieu sur la ville de Nagasaki. La bombe, plus puissante encore que celle larguée sur Hiroshima, fait 22 000 victimes. Le 15 août 1945, l'empereur Hirohito annonce aux Japonais la capitulation de son pays face aux Alliés. C'est la fin de la Seconde Guerre mondiale. Chaque année, le 9 août, le Japon commémore la destruction de la ville de Nagasaki dans le parc de la paix dont la statue a été érigée en hommage aux victimes. Les survivants des attaques nucléaires, les hibakusha, sont devenus le symbole d'une lutte contre la guerre et les armes atomiques à travers le monde.

10 août

Le train

Fréquence élevée, ponctualité, propreté et confort sont autant de termes permettant de décrire le système ferroviaire japonais. À part le shinkansen, le TGV japonais, il existe une grande variété de trains qui sillonnent le pays. Ceux du réseau JR (Japan Railway) desservent les principales îles du Japon, de Hokkaido dans le Nord à Kyushu dans le Sud. Il existe aussi de nombreuses lignes privées. Le service sur ces lignes est également d'une qualité irréprochable. En outre, les plateaux repas que l'on peut acheter dans les gares sont à la hauteur du service proposé. Certains de ces ekiben, 駅弁, sont plébiscités par les gourmets !

Le shinkansen

La renommée du train à grande vitesse japonais, l'équivalent de notre TGV, n'est plus à faire. Ce train relie les principales villes japonaises. Le Nozomi Super Express est le shinkansen le plus rapide. Attention aux bonnes manières : votre téléphone portable ne doit pas sonner dans le train !

阿波踊り

Awa odori

Festival de danse de Tokushima

Ce festival de danse traditionnelle est célébré chaque année du 12 au 15 août, pendant le O-Bon, la fête des morts, à Tokushima, sur la côte est de l'île de Shikoku. Il attire un grand nombre de Japonais et de touristes venus voir le défilé des danseurs, les Ren, au son des tambours et des flûtes. La chorégraphie de ces danses trouverait ses origines dans des danses de prières bouddhistes, mais aussi de danses de la moisson.

13 août

に NI

に NI est une particule que vous rencontrerez souvent en japonais ! Elle permet notamment d'exprimer la destination : « je vais à Kyoto » se dit きょうとにいきます Kyōto ni ikimasu.

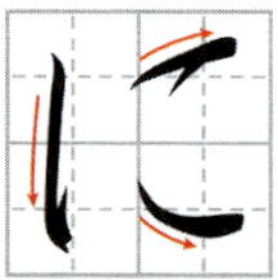

14 août

ニ NI

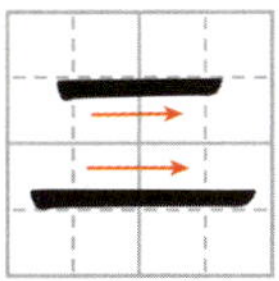

On retrouve ce katakana dans テニス tenisu qui veut dire « tennis ».

Jour de la commémoration de la fin de la Seconde Guerre mondiale.

Le nom officiel de cette journée au Japon est « jour de deuil des morts à la guerre et de prière pour la paix ». Une cérémonie est organisée chaque année à la mémoire des victimes de la guerre au Nippon Budokan à Tokyo en présence du Premier ministre, de l'empereur et de l'impératrice. Des milliers de personnes y assistent pour se souvenir et prier pour les trois millions de Japonais morts durant ce conflit.

うどん/饂飩

udon

Les udon

Les udon sont une des sortes de nouilles japonaises. À base de farine de froment, de consistance molle, elles sont rondes et très épaisses, de 3 à 6 millimètres d'épaisseur. Elles entrent dans la composition de nombreux plats.

17 août

ぬ NU

Les hiragana ぬ NU et め ME ont un tracé assez similaire. Soyez donc bien attentif !

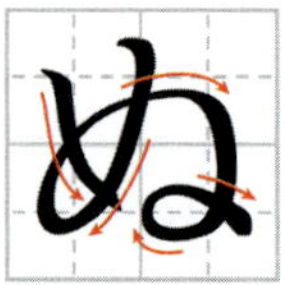

18 août

ヌ NU

Il ne faut pas confondre les katakana ヌ NU et ス SU. イヌ inu veut dire « chien » alors que イス isu signifie « chaise ».

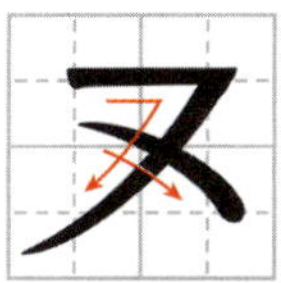

19 août

Les arts traditionnels

Le Japon est connu pour être le pays de la délicatesse et les arts traditionnels tels que l'origami 折り紙, l'ikebana 生け花, les bonsais 盆栽 et la calligraphie 書道 (shodō) sont une parfaite illustration de ce soin et de cette minutie. Il vous faudra patience et persévérance si vous voulez faire vos premières armes dans ces domaines. Vous devrez en effet appliquer maintes et maintes fois les règles à la lettre avant de songer à y introduire des variantes plus personnelles !

人

JIN, NIN, hito

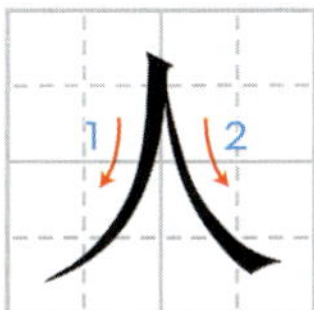

La personne

Ce caractère provient du dessin d'un homme vu de profil. Il signifie « l'être humain ».

Signe ancien

21 août

大

DAI, TAI ō(kī)

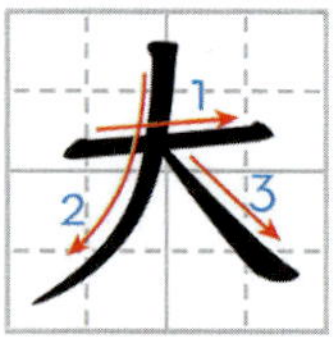

Grand

Dans le dessin ancien, un homme écarte les jambes et les bras pour se montrer imposant.

Signe ancien

22 août

折り紙

origami

L’origami

L’origami est un art traditionnel japonais dans lequel on plie du papier pour en faire des petites sculptures. La grue, la grenouille et le crabe sont les trois animaux les plus souvent réalisés en origami.

そば, 蕎麦

soba

Les soba

Les soba sont des nouilles japonaises à base de farine de sarrasin. Contrairement aux udon, elles sont fines. Elles sont aussi très appréciées au Japon. Il existe aussi des soba vertes contenant de la poudre de thé vert.

24 août

ね NE

On retrouve ce hiragana dans le mot ふね fune, qui signifie « bateau ».

ネ NE

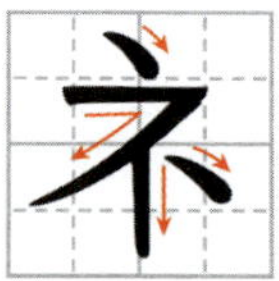

Ce katakana est présent dans le mot ネコ, neko, qui signifie « chat ». Si vous allez au Japon, vous verrez ce caractère sur les devantures des neko cafes, les fameux « bars à chats » !

書道

shodō

La calligraphie

La calligraphie est un art à part entière qui exige patience et concentration. Il se pratique à l'aide de pinceaux. Plus de cent fois sur le papier vous devrez poser votre pinceau afin d'obtenir un caractère élégamment tracé. Il est fondamental de bien connaître le nombre et l'ordre des traits pour tracer un caractère. En effet, un seul trait vous manque et tout est modifié ! On trace les caractères de gauche à droite et de haut en bas. Qu'ils comportent un ou trente traits, les caractères occupent tous le même espace, celui d'un carré virtuel.

27 août

高円寺阿波おどり

Koenji awa-odori

Festival de danse traditionnelle à Tokyo

C'est l'un des plus grands festivals de danse du Japon et un événement incontournable pour qui visite Tokyo en été. Il a lieu dans le quartier habituellement calme de Kōenji le dernier week-end d'août et réunit plus de 10 000 danseurs portant des tenues traditionnelles qui défilent dans les rues au rythme d'une musique entraînante.

ラーメン

rāmen

Les ramen

D'origine chinoise, les rāmen sont des nouilles de farine de blé. N'hésitez pas à aspirer bruyamment vos rāmen ! Non seulement votre plat sera plus facile à déguster, mais vous ferez « couleur locale ».

29 août

Savoir manier les baguettes

La plupart des plats japonais se mangent à l'aide de baguettes お箸, ohashi. Veillez à bien respecter les règles suivantes : ne désignez pas quelqu'un à l'aide de vos baguettes et évitez les grands gestes. Ne plantez pas vos baguettes dans votre bol de riz car ce geste est associé aux bâtons d'encens des rites funéraires ! De même, ne vous passez pas d'aliments de baguettes à baguettes, cela rappelle le passage des os du défunt de baguettes à baguettes après la crémation ! Si vous prenez de la nourriture d'un plat commun, l'étiquette veut que vous utilisiez l'autre extrémité de vos baguettes.

30 août

の NO

Ce hiragana est extrêmement important. の permet de marquer le cas possessif : 太郎さんの本 Tarōsan no hon signifie « le livre de Tarō ».

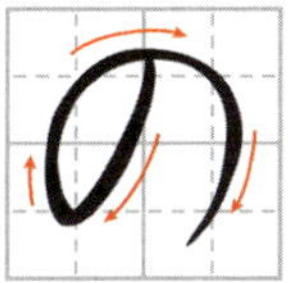

31 août

ノ NO

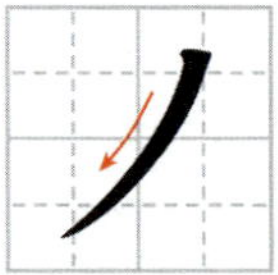

On retrouve ce katakana dans ノート, nōto, qui vient de l'anglais notebook et signifie « cahier ».

Septembre

陶磁器

tojiki

La céramique japonaise

Influencée par la Chine et la Corée, la céramique est une des formes d'art japonais les plus anciennes. On trouve des bols, des assiettes, des coupes ou des bouteilles de saké ordinaires dans les magasins de poterie ou les grands magasins, mais, dans les régions spécialisées dans cet art, on peut acheter des objets en céramique plus rares. Parmi les plus célèbres, citons les poteries Arita-yaki de la préfecture de Saga, les Bizen-yaki de la préfecture d'Okayama, les Hagi-yaki de la préfecture de Yamaguchi ou encore les Raku-yaki de la préfecture de Kyōto. C'est cette dernière céramique qui est utilisée en priorité pour la cérémonie du thé. Certaines poteries sont produites encore aujourd'hui de façon très traditionnelle. Ainsi les poteries nommées Ondayaki sont fabriquées sans utiliser d'électricité.

ちゃせん / 茶筅

chasen

Fouet à thé

Petit fouet en bambou, le chasen est un accessoire indispensable à la préparation du thé matcha. Lors de la cérémonie du thé, la poudre est battue à l'aide du chasen pour former une mousse. Avant de boire, il faut tourner trois fois le bol entre ses mains pour en admirer la beauté.

ちゃわん / 茶碗

chawan

Le bol à thé

C'est un bol utilisé pour la préparation du thé mais aussi pour sa consommation. Il en existe de nombreuses sortes selon le type de thé – thé chinois, matcha, etc. – la région, le type de céramique et le mode de cuisson de celle-ci.

4 septembre

Souvenirs du Japon

En guise d'omiyage お土産 (cadeaux souvenirs), les amateurs d'objets traditionnels ont l'embarras du choix : papier japonais, sets de calligraphie, ombrelles en papier et bambou, éventails, objets en laque, poupées japonaises traditionnelles, théières en fonte, poteries ou encore somptueux kimonos. Pour compléter sa tenue, geta, zōri ou waraji, respectivement « sandales en bois », « sandales traditionnelles » et « sandales en paille ». Plus faciles à porter, les tabi (chaussettes dont les orteils sont séparés) offrent aux pieds une grande liberté de mouvement. On trouve par ailleurs de magnifiques estampes originales anciennes ou des reproductions modernes de grande qualité. Enfin, les différentes amulettes vendues dans les temples garantissant réussite aux examens, santé et sécurité routière constituent des cadeaux très originaux.

5 septembre

は HA

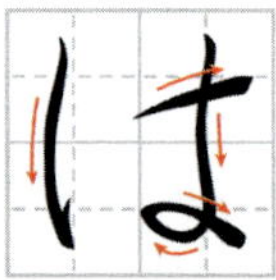

は est prononcé WA lorsqu'il marque le thème de la phrase : 象は鼻が長い zō wa hana ga nagai, littéralement « en ce qui concerne les éléphants, ils ont une longue trompe », ou, plus simplement, « les éléphants ont une longue trompe ».

6 septembre

ハ HA

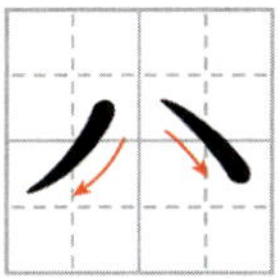

Le « h » du katakana ハ HA est aspiré. En japonais, le rire est transcrit par ハハハハハ… “ ha ha ha ha ha… ” !

Shopping

Le Japon est un paradis pour tout amateur de shopping, qu'il s'agisse de vêtements, de chaussures, de produits high-tech ou d'objets traditionnels. Les grands magasins (デパート depāto, de *department store*), boutiques chic, magasins spécialisés en tout genre, boutiques d'art, les galeries commerçantes souterraines autour des gares ou les petits magasins à 100 yens (100円ショップ hyaku en shoppu) et même les supérettes (コンビニ konbini) permettent de dénicher des cadeaux traditionnels, modernes mais aussi plus inattendus voire kitsch.

銀座

Ginza

Le quartier de Ginza

À l'architecture moderne, c'est le quartier chic de Tokyo dont les rues regorgent d'enseignes de luxe et de restaurants gastronomiques. Un passage obligé pour les amateurs de luxe ! Des projections vidéo animent les façades des immeubles. On y trouve également de nombreux produits high-tech.

9 septembre

店

TEN, mise

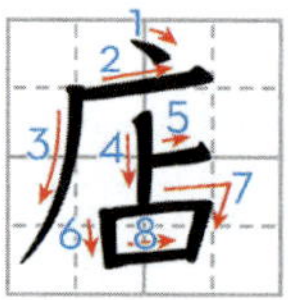

La boutique, le magasin

Le kanji actuel est composé de l'élément sémantique 广 qui symbolise une maison, dont l'un des côtés serait ouvert, pour en faciliter l'accès, et de l'élément phonétique 占 ten. L'ensemble représente donc un lieu de stockage : un magasin.

10 septembre

Le service au client

Si en France, le client est roi, au Japon, c'est … un dieu ! お客様は神様です okyakusama wa kamisama desu. Vous ne serez donc pas étonné par la qualité du service que l'on vous offre dans les magasins japonais. Vous serez salué par des employés à votre entrée dans un grand magasin par un tonitruant いらっしゃいませ irasshaimase de bienvenue et on actionnera les boutons de l'ascenseur pour vous, tout en employant un style de langue très respectueux…

ひ HI

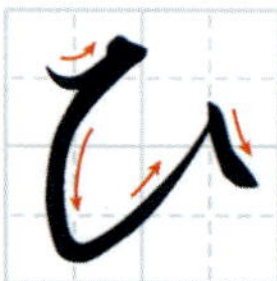

Lorsque l'on ajoute ゛ (le tenten) à la série des hiragana en H, on obtient ば BA, び BI, ぶ BU, べ BE, ぼ BO.

12 septembre

ヒ HI

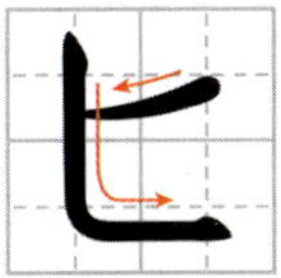

Comme pour le hiragana, on ajoute à ce katakana les deux petits traits du tenten pour obtenir les sons バ BA, ビ BI, ブ BU, ベ BE, ボ BO. Par exemple, ビール bīru vient de l'anglais *beer* et veut dire « bière ».

コンビニ

konbini

La superette

Les konbini ou *convenience stores* font partie intégrante de la vie des citadins japonais. Ouverts 24h/24 et 7j/7, ils sont une solution d'appoint pour tous. On y trouve des plats préparés, des aliments, des boissons, de la papèterie, des médicaments et produits cosmétiques, et des chaussettes et sous-vêtements de base pour par exemple ceux qui auraient raté leur train et passeraient la nuit dans un *capsule hotel* (hôtel dont les chambres sont des sortes de cabines).

14 septembre

小

SHŌ, chī (sai)

Petit

Le signe archaïque représente la division en deux parties 八 de quelque chose de fin 亅.
小 est présent dans les termes exprimant l'idée de petitesse : 小学校 shogakkō, école primaire, 小事 shōji, une affaire sans importance.

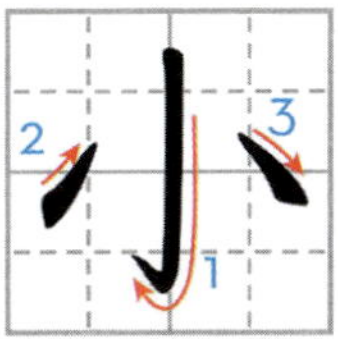

Signe ancien

Chiner au Japon

Situés dans l'enceinte des temples et des sanctuaires, les marchés aux puces (蚤の市 nomi no ichi) ouvrent tôt le matin et se tiennent jusqu'en fin d'après-midi. On y trouve de tout : des antiquités extrêmement chères à des souvenirs bon marché. C'est un des rares endroits où l'on peut tenter de négocier ! Parmi les marchés aux puces les plus connus, on peut citer Togo-no-Mori Nomi-no-ichi, au Sanctuaire Togo à Tokyo, qui se tient le 1er, 4e et 5e dimanche de chaque mois (à l'exception du 5e dimanche de décembre), Aoyama Oval Plaza Aozora Kotto-ichi à Tokyo qui a lieu le 3e samedi du mois, Kitano Tenmangu Nomi-no-ichi, au Sanctuaire de Kitano Tenmangu à Kyoto, qui a lieu le 25e jour de chaque mois et Kyoto Toji Garakuta-ichi et Kobo-ichi, à la porte sud du Temple Toji à Kyoto, qui se tient le 1er dimanche et le 21e jour de chaque mois.

16 septembre

ふ FU

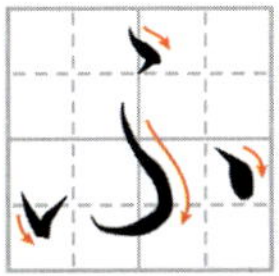

Lorsque l'on ajoute ゜ (signe familièrement appelé maru) à la série des hiragana en H, on obtient ぱ PA, ぴ PI, ぷ PU, ぺ PE, ぽ PO.

17 septembre

フ FU

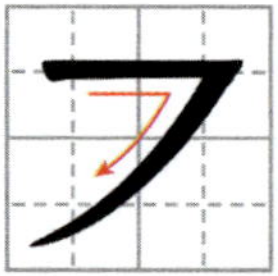

De la même façon que pour le hiragana, l'ajout du petit rond à ce katakana, que l'on appelle familièrement le maru, permet d'obtenir le son パ PA, ピ PI, プ PU, ペ PE, ポ PO.
Ainsi, プール pūru, qui vient de l'anglais *pool*, signifie « piscine ».

18 septembre

お月見

Otsukimi

La contemplation de la Lune

Otsukimi, littéralement « la contemplation de la lune », est célébrée le soir du 15e jour du huitième mois dans le calendrier ancien, qui se situe entre mi-septembre et début octobre dans le calendrier grégorien. Ce jour-là, la pleine lune est la plus ronde et la plus lumineuse de l'année. Les Japonais la contemplent en mangeant des Otsukimi dango, des boulettes de pâtes de riz.

19 septembre

浅草

Asakusa

Asakusa

Asakusa est un quartier populaire de Tokyo qui allie architecture traditionnelle et bâtiments modernes. Le temple Sensoji et la porte Kaminari sont remarquables. L'allée qui mène au temple regorge de boutiques artisanales de jolis souvenirs.

敬老の日

Keirō no hi

Le jour des personnes âgées

Le respect envers les anciens est profondément ancré dans la culture japonaise. Le troisième lundi de septembre, jour férié, les maires de toutes les villes convient les citoyens âgés de 70 ans et plus à une réception et leur offrent un cadeau. Ce jour-là, le Japon tout entier célèbre les personnes âgées et leur souhaite longue vie, tout en leur témoignant du respect et en les remerciant pour leur participation à la prospérité du pays. La population japonaise est de plus en plus âgée et compte de nombreux de centenaires.

古

KO, furu(i)

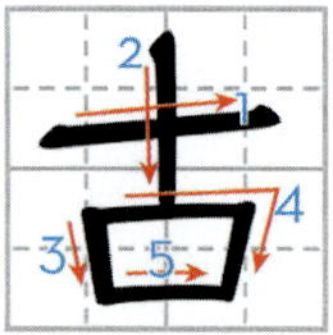

Vieux

Ce kanji s'interprète ainsi : ce qui passe à travers dix 十 bouches 口, ce qui s'affirme par une tradition de dix générations, est vieux.

Signe ancien

22 septembre

秋

SHŪ, aki

L'automne

Le signe primitif a d'abord représenté un criquet puis est devenu une composition de 禾 « céréale » et de 火 « feu ». En effet, après la récolte, on brûle la paille dans les champs, c'est l'automne !

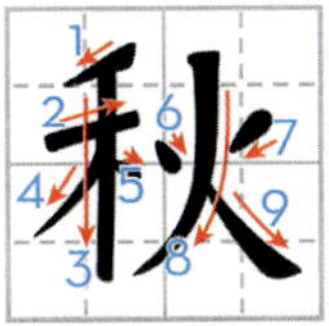

Signe ancien

秋分の日

Shūbun no hi

Le jour de l'équinoxe d'automne

C'est un jour férié. Les Japonais célèbrent le passage de l'été à l'automne et se rendent dans les cimetières. D'origine bouddhiste, cette fête commémore l'équilibre entre le jour et la nuit à cette date et le parallèle entre le monde réel et l'au-delà. Elle annonce la saison des feuilles d'érable ainsi que la floraison des amaryllis.

24 septembre

へ HE

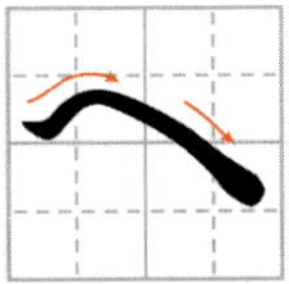

Lorsque le hiragana へ HE est utilisé pour marquer la direction, il est prononcé E. 明日東京へ行きますashita tōkyō e ikimasu, « demain, je vais à Tokyo ».

25 septembre

ヘ HE

Attention, le caractère katakana ヘ HE est légèrement plus pointu que celui du hiragana, mais ils sont presque identiques ! Ici encore, avec le petit maru, ペ permet de transcrire le son PE, comme dans ペンpen, de l'anglais *pen*, « stylo ».

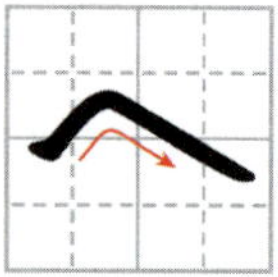

祇園

Gion

Le quartier de Gion

Kyoto est la ville des geishas par excellence. Situé au cœur de la vieille ville de Kyoto près du sanctuaire de Yasaka, Gion est l'un des quartiers historiques de la ville. On peut encore y apercevoir des geishas ou des maikos (apprenties geishas).

27 septembre

芸者

geisha

Les geishas

Les geishas, littéralement « personnes d'art » peuvent être considérées comme des artistes professionnelles. En effet dès leur plus jeune âge, - selon la tradition, dès le sixième jour du sixième mois de leur sixième année -, elles se consacrent à l'apprentissage des arts traditionnels : musique, ikebana, cérémonie du thé, littérature et aussi danse pour les plus douées d'entre elles. Elles se doivent aussi d'exceller dans l'art de la conversation et dans celui de garder un secret ! Leur travail principal consiste à assister à des banquets dans des auberges ou des restaurants de tout premier rang. Actuellement, le nombre de geishas ne cesse de décroître (on n'en compterait plus que deux cents) et leur image est malheureusement ternie par les services proposés par certaines hôtesses.

顔

GAN, kao

Le visage

Dans le dessin ancien, en haut à gauche, on reconnaît le kanji 文 qui signifie « texte », « lettre ». Au-dessous, trois lignes diagonales représentent des motifs délicats. Dans la partie droite, on reconnaît le caractère ancien de la tête. On peut donc imaginer que l'ensemble désigne une tête ornée de motifs : c'est le visage.

Signe ancien

29 septembre

ほ HO

Ce hiragana se trace en 4 traits. Attention à l'ordre des traits ! On retrouve ほ dans ほし hoshi, qui signifie « étoile ».

30 septembre

ホ HO

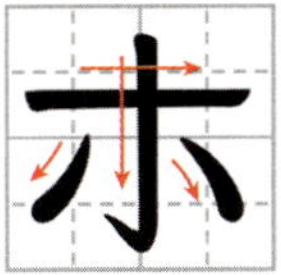

Lorsqu'une Japonaise rit élégamment, elle fait オホホホホ ohohohoho et quand elle rit discrètement, elle fait ウフフフフ ufufufufu.

Octobre

1er octobre

着物

kimono

Le kimono

Kimono, qui signifie « chose que l'on porte », était, avant l'introduction des vêtements occidentaux au Japon, le nom donné à tous les types de vêtements. Aujourd'hui, il désigne la robe traditionnelle japonaise en forme de T portée uniquement pour les grandes occasions et par les geishas.

Un ou une geisha ?

Aussi étonnant que cela puisse paraître aujourd'hui, les premières geishas étaient des hommes ! Cette profession, apparue au début du XVIIe siècle intégra les femmes aux alentours de 1750. Les termes de 男芸者 otoko geisha (hommes geishas) et 女芸者 onna geisha (femmes geishas) coexistaient alors. Depuis 1800 cependant, seules les femmes exercent cette profession. Les geishas appartiennent à ce monde végétal qu'est le 花柳界, karyū kai. Elles doivent en effet être aussi délicates que les fleurs tout en étant aussi fortes que des saules !

皇居

Kōkyo

Le Palais impérial

Situé dans l'arrondissement de Chiyoda à Tokyo, le palais impérial ou kōkyo, littéralement « résidence de l'empereur » est le lieu où vit l'empereur actuel. Célèbre également pour son jardin et son pont en forme de lunettes, meganebashi, littéralement « pont lunettes », c'est un havre de paix au sein même de cette ville bouillonnante.

4 octobre

ま MA

Contrairement à la partie de droite du hiragana ほ HO, le trait vertical de ま MA dépasse en haut.

5 octobre

マ MA

On retrouve ce katakana dans ママmama, qui vient de l'anglais *mama*, ou « maman ». Papa se dit パパ papa, puisque, vous l'aurez deviné, le ハ HA avec le maru donne le son PA.

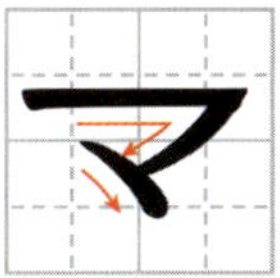

巻き

maki

Le maki

Les makis, du japonais makizushi, littéralement « sushi en rouleau », se présentent sous la forme d'un rouleau de riz blanc farci de poisson cru ou de légumes entouré d'algues nori que l'on découpe.

駅

EKI

La gare

La partie gauche du caractère ancien représente un cheval, animal qui, autrefois, permettait la locomotion.

Signe ancien

8 octobre

新宿

shinjuku

Shinjuku

Ce quartier de Tokyo est le royaume des gratte-ciels. On peut admirer le coucher de soleil depuis l'observatoire gratuit de la mairie. C'est l'un des endroits les plus animés de Tokyo, avec des grands magasins, des hôtels internationaux, des restaurants et la gare de Shinjuku. On y trouve par ailleurs le siège de nombreuses sociétés.

八幡祭り

Yahata matsuri

Le festival Yahata

Il se déroule les 9 et 10 octobre à Takayama, ville de la préfecture montagneuse de Gifu, dans le sanctuaire shinto d'Hachiman. C'est l'un des plus grands festivals du Japon. Des processions de chars, ou yatai, hauts de plusieurs étages et décorés de lanternes, ont lieu dans la ville.

運動会

Undōkai

Fête du sport

Cette fête a lieu le deuxième lundi d'octobre. C'est un jour férié en commémoration de l'inauguration des jeux Olympiques de Tokyo de 1964. Les établissements scolaires organisent des événements sportifs comportant des épreuves d'athlétisme, de gymnastique et de danse. Afin de renforcer les liens entre leurs salariés, certaines entreprises célèbrent également la fête du sport.

11 octobre

み MI

Ce hiragana est présent dans le mot みなと minato, qui veut dire « port ».

12 octobre

ミ MI

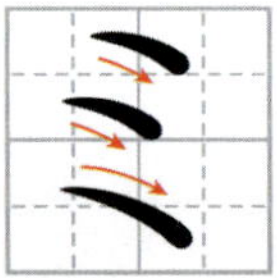

On retrouve ce katakana dans le mot ミルク miruku, qui vient de l'anglais *milk* et qui signifie « lait ».

13 octobre

漫画

manga

Le manga

Le mot japonais, qui signifie à l'origine « dessin dérisoire » mais aussi « dessin exagéré », recouvre une réalité quelque peu différente de notre bande dessinée de par les thèmes abordés et les publics ciblés. En effet, l'éventail des thèmes est extrêmement vaste : du golf à la romance en passant par l'œnologie, la musique ou encore les énigmes policières. Des lecteurs de tout âge s'adonnent au 立ち読み tachiyomi pour découvrir les dernières parutions de manga. En d'autres termes, ils dévorent l'ouvrage debout dans les librairies ! En France, la diffusion du manga Akira de Osamu Tezuka marqua un tournant en 1990 pour les fans… Ensuite vinrent Naruto, One Piece, GTO mais aussi Fruits basket, Nana… On lit les mangas de droite à gauche et on commence donc l'ouvrage « par la fin » !

コスプレ

kosupure

Le cosplay

Cosplay, mot-valise composé de *costume* et *playing* en anglais, désigne les rencontres lors desquelles les fans se déguisent en imitant leurs personnages de manga, d'anime ou de jeux vidéo préférés (costumes, cheveux, maquillage, tout y passe !). On peut découvrir de drôles de personnages dans le quartier d'Harajuku à Tokyo !

15 octobre

アニメ

anime

L'anime

Attention à ne pas confondre les animes et les mangas. On a tendance à appeler « mangas » les dessins animés et les films d'animation. Le terme approprié est アニメ anime ! Certains mangas deviennent des anime voire des drama ドラマ (séries télévisées) et, chose plus rare, certains anime deviennent des mangas !

国立競技場

Kokuritsu kyōgijō

Le stade national

C'est le nouveau stade qui a été érigé pour les jeux Olympiques de 2020 de Tokyo qui se sont tenus en 2021 en l'absence de spectateurs en raison de la pandémie de Covid-19. Il se situe à Kasumigaoka dans le quartier de Shinjuku. Intégrant beaucoup d'éléments en bois japonais, dans un souci d'harmonie avec l'environnement, et de conception très moderne avec son toit rétractable, il est une expression actuelle des techniques d'architecture traditionnelles japonaises.

17 octobre

む MU

Le tracé de l'hiragana む MU est assez proche de celui de す SU. Il en est de même pour め ME et ぬ NU. Il faut donc être bien attentif aux tracés.

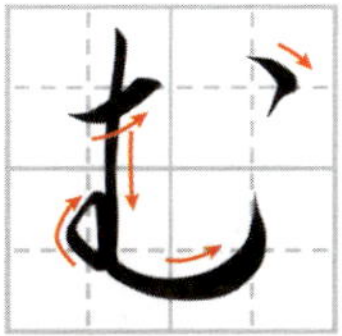

18 octobre

ム MU

On retrouve le katakana ム MU dans ハム hamu, de l'anglais *ham*, qui signifie « jambon ».

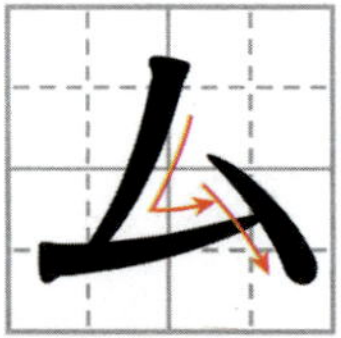

火

KA, hi

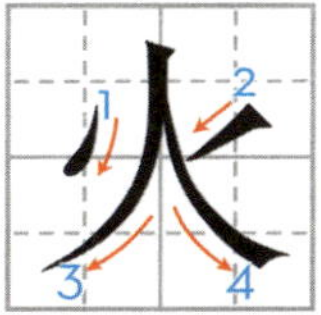

Le feu

On reconnait aisément dans le signe ancien les flammes d'un brasier. Lorsque le feu est utilisé en tant que clé, il est représenté par quatre petits traits 灬 placés dans la partie inférieure du caractère, comme dans 熱 qui signifie « chaud ».

Signe ancien

刺身

sashimi

Le sashimi

C'est un plat traditionnel de la cuisine japonaise composé de tranches de poisson. De la taille d'une bouchée, ces tranches de poisson, qui peuvent être du thon, du saumon, de la daurade, du maquereau, mais également de la crevette, de la coquille Saint-Jacques, etc., sont consommées crues.

21 octobre

Le yen

La monnaie japonaise est le yen, dont le kanji est 円. Son symbole est ¥. Attention à la prononciation ! En japonais, « yen » se prononce « n ». Il existe six pièces de monnaie : 1 ¥, 5 ¥, 10 ¥, 50 ¥, 100 ¥ et 500 ¥. La pièce de 1 ¥ mesure 1 cm de rayon et pèse exactement un gramme ! Il existe par ailleurs quatre billets : 1 000 yens, 2 000 yens, 5 000 yens et 10 000 yens. Petite particularité concernant le billet de 2 000 yens : créé en 2000, ce billet n'est pratiquement plus en circulation. Si vous avez la chance d'en avoir un entre les mains, gardez-le !

時代祭

Jidai matsuri

Le festival des âges

C'est l'un des festivals les plus importants de Kyoto. Célébré chaque année le 22 octobre, il commémore sa fondation en 794 en tant que capitale de l'empire du Japon. Une procession comptant plus de 2000 figurants en costumes retraçant différentes époques de l'histoire de la ville quitte le parc impérial pour rejoindre lentement le sanctuaire Heian jingu. En fin de cortège, des sanctuaires portatifs sont dédiés au premier et au dernier empereur ayant résidé à Kyoto.

平安神宮

Heian-jingū

Le sanctuaire Heian

Érigé en 1895 pour rendre hommage à la ville de Kyoto, le sanctuaire shinto Heian est classé beppyō jinja, premier rang pour les sanctuaires shinto et un bien culturel important du Japon. C'est une reproduction partielle du palais Heian de Heian kyō, l'ancien nom de Kyoto.

24 octobre

め ME

Ce hiragana se trace en deux traits. On le retrouve par exemple dans le mot めがね megane, qui signifie « lunettes ».

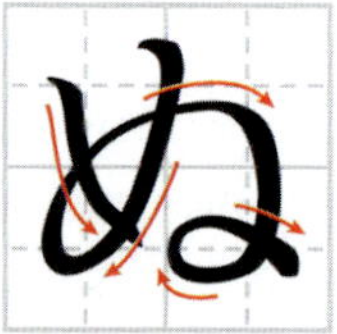

25 octobre

メ ME

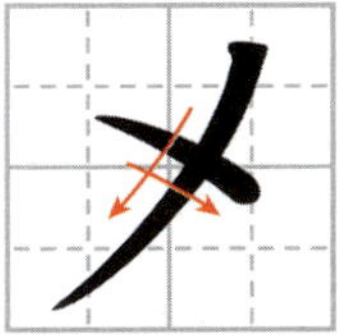

La différence entre les hiragana メ ME et ナ NA est subtile. Le deuxième trait de ME est court et en diagonale, tandis que le premier trait de ナ NA est plus long et horizontal. メロン meron, qui vient de l'anglais *melon*, veut dire « melon ».

Les animaux du zodiaque

Les signes du zodiaque chinois sont très utilisés par les Japonais. L'astrologie chinoise est basée sur un cycle de douze années lunaires, chacune représentée par un animal qui correspond à un signe du zodiaque. Voici, dans l'ordre, ces douze animaux :

鼠	nezumi	rat	馬	uma	cheval
牛	ushi	bœuf	羊	hitsuji	mouton
虎	tora	tigre	猿	saru	singe
兎	usagi	lapin	鶏	tori	coq
龍	tatsu	dragon	犬	inu	chien
蛇	hebi	serpent	猪	inoshishi	sanglier

お好み焼き

okonomiyaki

La crêpe japonaise

Typiquement japonais bien que souvent comparé à la pizza, l'okonomiyaki est un plat composé d'une pâte enrobant différents ingrédients cuite sur une plaque chauffante ou teppan.

雨

U, ame, ama

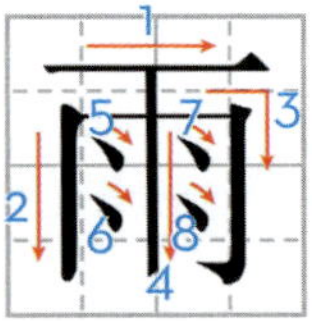

La pluie

Ce pictogramme symbolise des gouttes d'eau tombant du ciel : la pluie. Il sert de clé à de nombreux caractères en rapport avec la météorologie et se trouve toujours dans la partie supérieure de ceux-ci comme dans 雷 kaminari, « la foudre », 霧 kiri, « le brouillard » ou 霜 shimo, « la gelée ».

Signe ancien

29 octobre

Le samouraï

Figure emblématique de la culture japonaise, le samouraï, 侍 samurai, est, à l'époque du féodalisme décentralisé, un guerrier au service d'un chef militaire, ou daimyō. Recevant un salaire de riz et ayant le privilège de porter deux sabres, les samouraïs doivent obéir à un code d'honneur très strict appelé bushido ou « Voie des guerriers » qui inclue la pratique du seppuku ou hara-kiri, forme rituelle de suicide masculin par éventration. Au XIIe siècle leur statut devient héréditaire. Leur rôle dans les luttes de pouvoir qui déchirent le Japon féodal est déterminant. Les longues années de paix qui suivent l'établissement des Tokugawa durant la période Edo font des samouraïs une classe parasite. Perdant leurs liens avec le pouvoir, ils deviennent peu à peu des figures du folklore national.

30 octobre

も MO

も MO, tout comme や YA, est très utile dans la phrase japonaise. も signifie « aussi » et や est utilisé dans une énumération non exhaustive. わたし も フランス人 です watashi mo furansujin desu « moi aussi, je suis francais(e) ». 袋の中にはりんごやじゃがいもります。 Fukuro no naka ni wa ringo ya jagaimo ga arimasu. « Dans ce sac, il y a (entre autres) des pommes et des pommes de terre ».

31 octobre

モ MO

Attention, le katakana モ MO et le hiragana も MO se ressemblent beaucoup ! Toutefois, le troisième trait du katakana モ ne dépasse pas le premier et celui du hiragana も est bien arrondi. La « pêche » (fruit) se dit モモ momo.

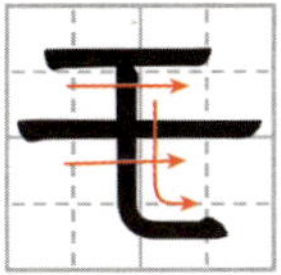

Novembre

紅葉狩り

Momijigari

La contemplation des feuilles d'automne

Après les sakura et le hanami, ou contemplation des cerisiers en fleurs au printemps, le momijigari est, à l'automne, une autre grande tradition japonaise. C'est le moment où les Japonais célèbrent le changement des couleurs des feuilles dans les arbres, notamment les érables, 紅葉 momiji, en japonais. Ce changement de couleur est appelé 紅葉 kōyō. Bien que leur signification soit différente, momiji et kōyō s'écrivent avec les mêmes kanji. Momijigari vient ainsi de momiji. Au flamboyant rougeoiement des érables, s'ajoute le jaune doré des feuilles de ginkgo biloba, "arbre aux mille écus" et symbole de Tokyo, résultant en un superbe mariage de couleurs très apprécié des Japonais. Le kōyō commence en septembre dans le nord du pays pour s'étendre jusqu'à la fin novembre dans le sud.

2 novembre

安

AN, ya(sui)

La paix, la tranquillité, bon marché

On reconnait dans l'idéogramme ancien et dans le caractère actuel, une femme agenouillée 女 sous un toit 宀. Il en découle l'idée de sécurité.

Signe ancien

3 novembre

文化の日

Bunka no hi

Fête de la culture

Autrefois appelé « jour anniversaire de l'empereur Meiji », né le 3 novembre 1852 et mort en 1912, le 3 novembre est depuis 1946, jour du vote de la nouvelle constitution après la fin de la Seconde Guerre mondiale, « le jour de la culture ». Ce jour-là, qui est férié, les Japonais célèbrent les arts, la culture et la paix dans le monde. Lors d'une cérémonie officielle au palais impérial de Tokyo, l'empereur remet une médaille pour récompenser ceux qui, durant l'année, ont contribué à développer ou à mettre en avant la culture japonaise.

Le théâtre kabuki

Le kabuki est une forme de théâtre traditionnel japonais qui a vu le jour à l'époque Edo, au début du XVIIe siècle. Joué à l'origine par des hommes et des femmes, il est aujourd'hui interprété par des troupes exclusivement masculines. Un spectacle dure toute une journée. Le kabuki se distingue par sa musique particulière, ses costumes, ses machineries et ses accessoires. Le keshō, maquillage très stylisé caractéristique du kabuki, permet au spectateur de reconnaître aisément les personnages. Ainsi le rouge apposé sur un maquillage blanc indique qu'il s'agit d'un héros, le vert étant utilisé pour les êtres surnaturels. Aujourd'hui, le kabuki est la forme de théâtre traditionnel japonais la plus appréciée.

や YA

On retrouve ce hiragana par exemple dans le mot やま yama, qui signifie « montagne ». L'hiragana や YA existe aussi en plus petit format. Il se combine alors avec d'autres hiragana, comme dans ちゃcha, qui veut dire « thé ». La série des hiragana en Y est particulière. En effet, il n'existe pas de hiragana pour YI et YE.

6 novembre

ヤ YA

Attention, le katakana ヤ YA et le hiragana や YA sont très semblables, mais il y a un trait de moins dans ヤ YA ! Comme pour le hiragana, le petit ャ YA, combiné avec d'autres katakana, donne les sons キャ kya, シャ sha, チャ cha, ニャ nya, ヒャ hya, ミャ mya et リャ rya. Le chat japonais fait ニャーニャー nyā nyā !

7 novembre

南

NAN, NA, minami

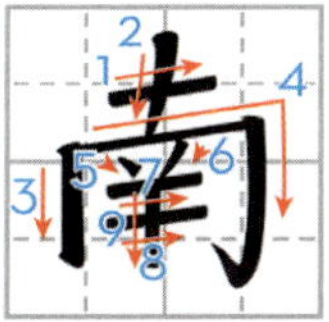

Le sud

Les explications divergent quant à la signification du caractère ancien. Il symboliserait soit un instrument de musique qui pendrait au vent, soit la façade d'une maison. En effet, dans certaines régions, les maisons étaient construites face au sud.

Signe ancien

お台場

O-daiba

Odaiba

Cette île artificielle dans la baie de Tokyo, au sud-est de la capitale, est le paradis du divertissement. C'est à la fois une station balnéaire urbaine et l'endroit où les Tokyoïtes se rendent pour se divertir le week-end en famille ou entre amis. On peut y aller par le monorail qui passe sous le Rainbow Bridge.

9 novembre

橋

Le pont

Le signe ancien représente un arbre, avec lequel est fabriqué le pont, et un homme au-dessus d'un bâtiment.

KYŌ, hashi

Signe ancien

カステラ

kasutera

Le castella

C'est un gâteau épais, léger et moelleux élaboré avec des œufs, de la farine, du sucre et du sirop de malt ou du miel, selon les recettes. Son nom peut surprendre. Il vient en effet du portugais *Pão de Castela* et a été importé par les missionnaires portugais au XVIe siècle. Il est très apprécié des Japonais.

11 novembre

ゆ YU

Le hiragana ゆ YU est présent dans le mot ゆき yuki, qui signifie « neige ». Comme pour YA, il existe aussi dans un format plus petit et se combine avec d'autres hiragana, comme dans りゅう ryū qui veut dire « dragon ».

12 novembre

ユ YU

Attention à ne pas confondre les katakana ユ YU et コ KO qui ont un tracé très proche. Il faut en effet veiller à ce que le deuxième trait de ユ YU dépasse un peu du premier. Il existe un petit ュ YU qui sert à transcrire les sons キュ kyu, シュ shu, チュ chu, ニュ nyu, ヒュ hyu, ミュ myu et リュ ryu. Au Japon, la souris fait チューチュー chū chū !

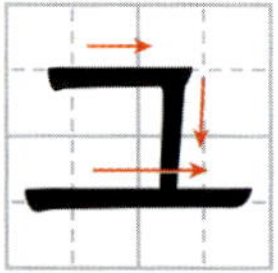

東京タワー

Tōkyō tawā

Tokyo Tower

La Tokyo Tower, haute de ses 332, 6 mètres, est plus haute que la tour Eiffel. Elle fut terminée d'être érigée en 1958 et offre un point de vue imprenable sur la capitale nippone.

14 novembre

空

KŪ, sora, a(ku), a(keru), kara

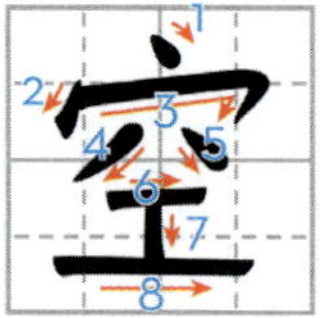

Le ciel, l'air, le vide

Le caractère ancien est composé de 工 et de 穴. 工 représente une équerre, symbole du travail manuel, mais il symboliserait aussi la courbe de l'horizon et, par extension, le vide. 穴 évoque également l'idée de vide, notamment le vide entre les cieux et la terre, soit le ciel, l'atmosphère.

Signe ancien

七五三

Shichi go san

Festival des enfants de 7, 5 et 3 ans

Signifiant littéralement « sept, cinq, trois », ce festival célèbre les enfants de sept, cinq et trois ans. Remontant à la période Heian durant laquelle ces âges étaient des étapes importantes de la vie, cette cérémonie, qui se déroule autour du 15 novembre, est un rite de passage pour les garçons de 5 ans et les filles de 3 et 7 ans. Apprêtés dans de magnifiques kimonos, accompagnés de leurs parents, les enfants se rendent au sanctuaire shinto de leur quartier pour faire une offrande et prier afin que les divinités les protègent. On leur offre des bonbons rouges et blancs appelés chitose ame, en forme de grue et de tortue, symboles de longévité et de chance.

ユズ / 柚子

yuzu

Le yuzu

C'est l'agrume incontournable de la cuisine japonaise dans laquelle il est utilisé comme condiment et également pour son jus. Sa peau est comestible. Il est parfois traduit en français par « cédrat ».

17 novembre

よ YO

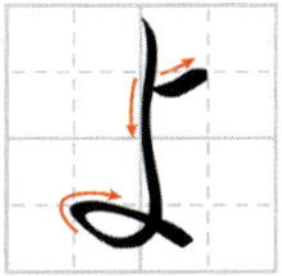

On retrouve ce hiragana par exemple dans le mot よる yoru, qui signifie « nuit ». よ YO existe aussi en plus petit format et se combine avec d’autres hiragana comme dans きょねん kyonen, qui veut dire « l’année dernière ».

18 novembre

ヨ YO

Combiné à d'autres katakana, le petit ヨ YO peut transcrire les sons キョ kyo, ショ sho, チョ cho, ニョ nyo, ヒョ hyo, ミョ myo et リョ ryo. ショー shō vient de l'anglais *show* et signifie « spectacle ».

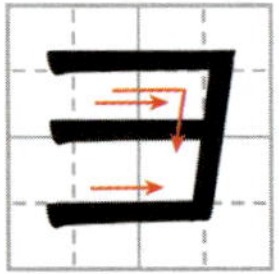

19 novembre

Le royaume de l'électronique

Si le Japon est de plus en plus menacé par la concurrence chinoise ou coréenne, il reste un paradis high-tech. Nul besoin d'être un geek ou un amateur de jeux vidéo, mangas ou cosplay, pour se lancer dans un shopping « électronique ». Impossible en effet de ne pas être tenté par les quartiers d'Akihabara 秋葉原 à Tokyo ou de Den Den Town à Nipponbashi, au sud d'Osaka. On y trouve toutes sortes de gadgets, clés USB en forme de sushis, petits robots pour nettoyer les écrans de smartphones ou de tablettes, fauteuils massants, mais aussi et surtout de l'équipement technologique en tout genre : smartphones, ordinateurs, etc. Spécificité de ces quartiers, il est possible de négocier dans certains magasins !

二条城

Nijō-jō

Le château de Nijo

Situé à Kyoto, le château de Nijo, ancienne résidence du shogunat Tokugawa, comporte deux anneaux concentriques de fortifications entourées d'une large douve et deux palais, dont l'un présente la particularité d'être construit presque exclusivement en bois de cyprès. Le château est inscrit au patrimoine mondial de l'Unesco.

21 novembre

家

KA, KE, ie, ya

La maison

Ce caractère est composé de 宀 « le toit », et de 豕, « le cochon ». Le toit symbolise la maison et le cochon, les possessions de la famille.

Signe ancien

Le ginkgo biloba

C'est la plus vieille espèce d'arbre au monde. Bien avant les animaux et les fleurs, le ginkgo biloba a fait son apparition sur Terre, il y a 270 millions d'années. Il tient son nom de biloba de la forme de ses feuilles composées de deux lobes. Très présent au Japon, cet arbre magique, étudié pour sa résistance exceptionnelle, a même survécu à la bombe atomique de Hiroshima et a acquis une symbolique très particulière d'espérance et de vie.

勤労感謝の日

Kinrō Kansha no hi

Fête du travail

C'est un jour férié au Japon. Cette fête rend honneur aux travailleurs qui, par leur labeur, contribuent au développement économique et à la prospérité du Japon. À cette occasion, de nombreuses manifestations et célébrations sont organisées dans les temples et les sanctuaires dans tout le pays en guise de remerciement.

24 novembre

ら RA

La prononciation du R en japonais est différente de celle du « r » français. Le R japonais se situe entre le son R et le son L. Ceci s'applique à toute la série des hiragana et des katakana en R.

25 novembre

ラ RA

Attention ! Si l'on oublie le premier trait de ラ RA, cela devient フ FU. トラ tora veut dire « tigre ».

豚カツ

tonkatsu

Le tonkatsu

Plat à base de porc pané et frit, servi avec du chou râpé, de la moutarde japonaise et un bol de riz. Ton signifie « porc » et katsu vient de l'anglais *cutlet*, faisant référence à une côte de porc, mais le tonkatsu peut être préparé avec du filet de porc. C'est un plat très courant au Japon.

27 novembre

庭

TEI, niwa

Le jardin

Le caractère ancien représente un palais. Il est composé d'un toit, qui symbolise l'édifice, et d'un personnage officiel au-dessous. C'est dans les palais que se trouvaient les plus beaux jardins, d'où la signification actuelle de ce kanji.

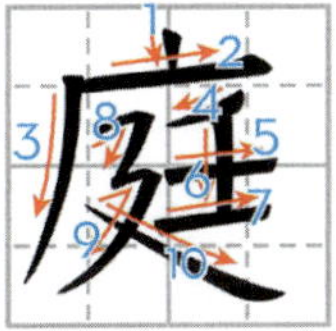

Signe ancien

28 novembre

忘年会

bōnenkai

Fête de fin d'année

En fin d'année, les Japonais organisent des fêtes afin d'oublier les soucis et les mauvais moments de l'année qui touche à sa fin. Ce sont des fêtes individuelles qui n'ont rien d'officiel, mais de nombreuses entreprises programment des bonenkai dans des restaurants afin de réunir leurs salariés autour d'un dîner.

29 novembre

り RI

Ce hiragana est présent par exemple dans le mot りんご ringo, qui signifie « pomme ».

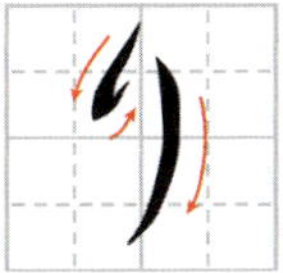

30 novembre

リ RI

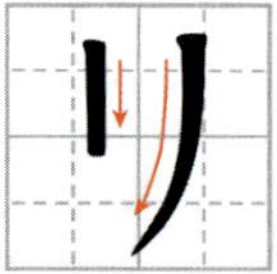

Le katakana リ RI est quasi identique au hiragana り RI. En effet, les deux traits du hiragana sont souvent séparés lorsque l'on écrit à la main. Observez bien cependant, le trait de droite du hiragana り RI est plus arrondi que celui du katakana. Voici le mot « pomme » écrit en katakana : リンゴ ringo.

Décembre

温泉

onsen

La source thermale

Les sources thermales sont extrêmement populaires. Elles sont de toutes sortes, en intérieur ou en extérieur, avec un décor naturel ou complètement artificiel et parfois mixtes ! Une des plus belles façons de découvrir les sources thermales est de se rendre dans celles situées en pleine montagne et visitées par de nombreux singes ! Vous pourrez, par exemple, dans votre plus modeste appareil, apprécier la chaleur de l'eau et admirer le paysage blanc immaculé de la province de Nagano !

2 décembre

水

SUI, mizu

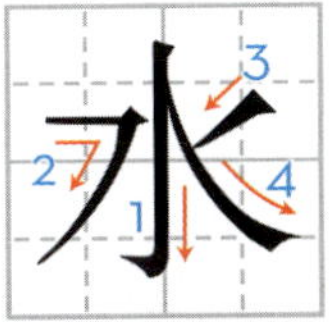

L'eau

Dans le signe archaïque, qui ressemble beaucoup à celui de la rivière, le cours d'eau est représenté par un courant central entouré de tourbillons.

Signe ancien

秩父夜祭

Chichibu Yomatsuri

Festival de nuit à Chichibu

C'est l'un des plus beaux festivals nocturnes (yomatsuri) de chars. Se tenant chaque année depuis plus de 300 ans à Chichibu, dans la préfecture de Saitama, au nord-ouest de Tokyo, ce festival honore les six dieux protecteurs de la ville. Chacun de ces dieux est représenté par un char tiré par des hommes en costume traditionnel et illuminé de dizaines de lanternes de couleurs et garni de sculptures en bois et de tapisseries. Des spectacles de danse et de musique traditionnelle ont lieu et un grand feu d'artifice clôture le festival.

4 décembre

る RU

Les tracés des hiragana る RU et ろ RO sont très proches. Il faut donc être très attentif !

5 décembre

ル RU

Attention, n'oubliez pas le trait gauche du katakana ル RU ! Sinon cela devient レ RE. On retrouve ル dans ルビー rubī, qui veut dire « rubis ».

長野

Nagano

Nagano

La ville de Nagano, dans les Alpes japonaises, est le paradis des skieurs tout comme des amateurs de sources chaudes. C'est la capitale japonaise des sports d'hiver et de la randonnée en montagne. Le parc de Jigokudani, connu pour les singes qui se baignent dans les sources chaudes, offre un magnifique paysage en hiver. Nagano est également célèbre pour son temple Zenkoji, classé trésor national.

山

SAN, yama

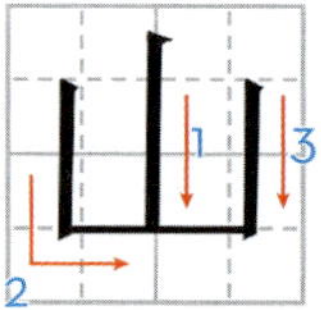

La montagne

Le caractère ancien, très explicite, représente trois cimes. Lorsque 山 est utilisé seul, sa prononciation est yama. En revanche, il se prononce san lorsqu'il fait partie d'un composé comme dans 富士山 qui se dit donc Fujisan, soit le mont Fuji, qui culmine à 3 776 m.

Signe ancien

神戸ルミナリエ

Kōbe Luminarie

Fête des lumières

Cette fête se déroule chaque année dans la ville de Kobe en commémoration du tremblement de terre du 17 janvier 1995 qui causa la mort de plus de 6 000 personnes et provoqua près de 43 000 blessés. Suite au séisme et au manque de nourriture, d'eau et d'électricité, des lumières furent implantées dans le centre de la ville pour redonner espoir à la population. Cette action rencontra un succès tel qu'elle est renouvelée chaque année depuis. La Luminarie de Kobe est devenue l'une des manifestations les plus célèbres en ce qui concerne les illuminations d'hiver.

9 décembre

雪

SETSU, yuki

La neige

雪 est une abréviation du caractère 霻 où l'élément 彗 a été réduit à ヨ. Il représente la pluie (雨) que l'on peut balayer (彗 simplifié en ヨ) ou bien la pluie qui efface tout. En effet, la neige recouvre tout et fait disparaitre toute trace sur le sol.

Signe ancien

10 décembre

れ RE

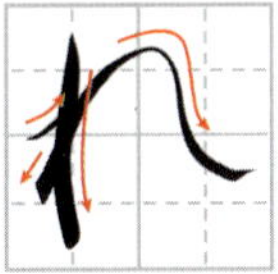

Ce hiragana se trace en deux traits. Il figure dans le mot れきし rekishi, qui veut dire « l'histoire ».

11 décembre

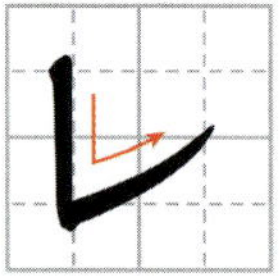

Ce katakana se trace en un trait. レモン remon vient de l'anglais *lemon* et signifie « citron ».

川

SEN, kawa

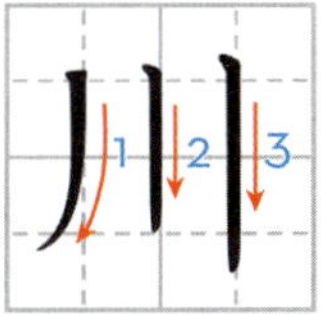

La rivière

Le caractère actuel est très proche du caractère d'origine. On y voit très clairement le flot d'une rivière.

Signe ancien

Le Koto hajime

Cette expression signifie « début des choses ». Traditionnellement, le 13 décembre, les Japonais commencent les préparatifs du Nouvel An. Ils nettoient leur maison et préparent les autels shinto et bouddhistes qu'ils abritent dans leurs intérieurs. En prévision du repas du Nouvel An, c'est également à ce moment qu'ils achètent les ingrédients nécessaires notamment à la préparation des mochi, le fameux dessert du soir du Nouvel An, et aux autres plats du repas. Saviez-vous que les Japonais consomment en moyenne un kilo de mochi par an, pour l'essentiel début janvier ?

ろ RO

Ce hiragana se trace en un seul trait. On le retrouve dans おふろ / お風呂 ofuro, qui signifie « bain ».

育肥猪

玉米 80斤
麸皮 75斤
盐 300克
葡萄糖 3斤
小苏打 200克

15 décembre

ロ RO

RO est différent par sa forme des autres katakana. On le retrouve dans le nom japonais de Londres qui se dit ロンドン rondon.

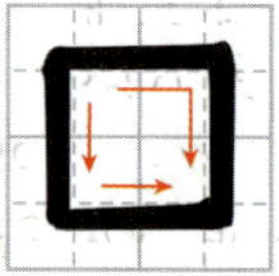

16 décembre

Le savoir-vivre à table

Le savoir-vivre japonais à table est très important et se doit d'être respecté. Ainsi, l'on doit commencer le repas en disant itadakimasu, qui signifie littéralement « je reçois » et qui est une marque de respect envers son hôte. Une petite serviette enroulée sert à s'essuyer les mains avant de se servir. Durant le repas, l'on peut montrer que l'on apprécie les mets par des oishii. En fin de repas, l'on peut conclure par gochisōsama deshita pour remercier son hôte. Par ailleurs, à part le bol de riz ou de soupe, les plats ne sont pas censés être soulevés de la table. Aspirer sa cuillère de soupe, ou ses nouilles en faisant du bruit est très souvent un signe d'appréciation et est bien vu. Si l'on déguste des sushis, il ne faut pas tremper le riz dans la sauce soja, mais seulement le poisson. Il ne faut pas manger avec ses doigts et il est impératif de porter les aliments à sa bouche et non l'inverse.

西

SEI, SAI, SU, nishi

L'ouest

Le caractère d'origine a d'abord représenté un panier tressé, puis un nid d'oiseau. Les oiseaux allant occuper leurs nids au moment où le soleil se couche, à l'ouest, on peut en déduire le sens du caractère actuel.

Signe ancien

18 décembre

わ WA

La série en W est incomplète. Il existait auparavant les hiragana ゐ WI et ゑ WE mais ceux-ci ne sont plus utilisés de nos jours. On retrouve ce hiragana dans わさび wasabi, la pâte de raifort vert qui accompagne les sushis.

19 décembre

ワ WA

Attention, n'oubliez pas le premier trait de ワ WA. Sinon, cela devient フ HU. En japonais, le chien fait ワンワン wan wan.

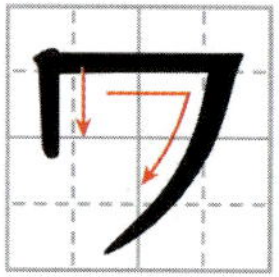

二荒

Nikkō

Située à 150 kilomètres au nord de Tokyo, dans la préfecture de Tochigi, Nikko est une petite ville réputée pour la beauté naturelle de ses paysages montagneux, ses multiples sources chaudes, onsen, et l'architecture de ses temples et sanctuaires dont certains sont classés au patrimoine mondial de l'Unesco. C'est à Nikko que se trouve le célèbre sanctuaire shinto Tōshō-gu, fondé en l'honneur de Tokugawa Ieyasu.

21 décembre

冬

TŌ, fuyu

L'hiver

Ce caractère a connu de nombreuses modifications depuis sa forme primitive qui aurait symbolisé un élément reliant le soleil levant et le soleil couchant. Il a évolué vers une composition de 日 « le soleil » et de 夂 « l'entrave », dont la signification est « l'hiver ».

Signe ancien

22 décembre

Les mois de l'année

Le calendrier japonais ancien était basé sur les lunaisons. Quand les Japonais ont adopté le calendrier occidental, ils ont gardé la lune 月, gatsu, précédée d'un chiffre, pour nommer les mois. Dire les mois en japonais est donc très simple : il suffit d'ajouter « gatsu 月 » après le chiffre du mois. Ainsi, janvier se dit 一月 ou 1月 ichi gatsu, février 二月 ou 2月 ni gatsu jusqu'à décembre : 十二月 ou 12月 jūni gatsu.

23 décembre

年

NEN, toshi

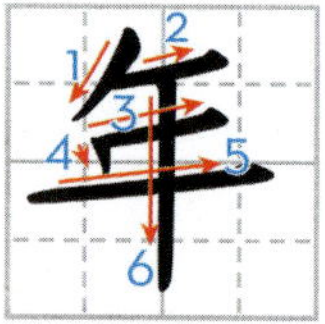

L'année

Dans les premières versions de ce kanji, on voit le caractère 禾 « céréale » et 人 « personne », symboles d'une personne portant une récolte sur son dos. Ces éléments représentent le temps nécessaire à une récolte, soit une année. La forme actuelle a fusionné ces caractères.

Signe ancien

天ぷら

tenpura

Le tempura

Adaptation japonaise d'un mets de friture portugaise importé par les missionnaires jésuites au XVIe siècle, le tempura est une sorte de beignet de légumes, crevettes ou poisson.

25 décembre

を (W)O

Le hiragana を, prononcé “O”, est utilisé comme marqueur de complément d’objet direct : りんごを食べました ringo o tabemashita signifie « j’ai mangé une pomme ».

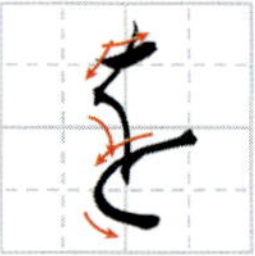

26 décembre

ヲ (W)O

Ce katakana n'est quasiment pas utilisé car les particules sont toujours transcrites en hiragana.

27 décembre

北

Le nord

Le caractère ancien représente deux hommes dos à dos. Au Japon, la position traditionnelle consiste à s'asseoir face au sud.

HOKU, kita

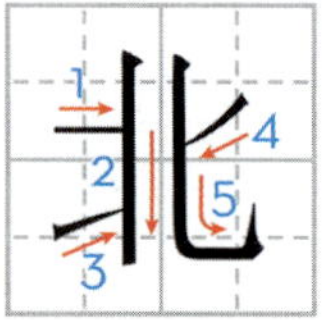

Signe ancien

28 décembre

伏見稲荷大社

Fushimi Inari-taisha

Le sanctuaire Fushimi

Composé de plusieurs petits sanctuaires disséminés sur une colline dédiés à la déesse Inari, il est notamment connu pour ses milliers de toris de couleur rouge qui constituent un chemin vers le temple. Les toris sont pour un grand nombre d'entre eux des dons faits par des familles ou des entreprises à la déesse Inari, protectrice des céréales et en particulier du riz.

29 décembre

ん est le seul hiragana qui ne comprend pas de voyelle. On ne le trouve jamais au début d'un mot.

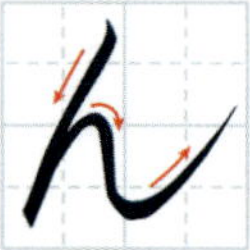

30 décembre

Comme pour le hiragana, on ne trouve jamais le katakana ン N en tête de mot. ピンク pinku, de l'anglais *pink*, signifie « rose ».

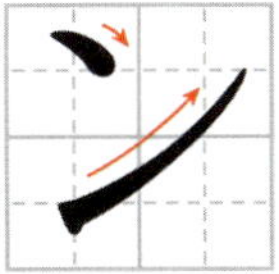

大晦日

Ōmisoka

Le réveillon du Nouvel An

Le 31 décembre est un jour important au Japon car il clôture l'année qui vient de s'écouler. Les Japonais font un grand ménage chez eux afin d'accueillir la divinité qui amène la nouvelle année et mangent des nouilles de sarrasin appelées toshikoshi soba, symbole du passage d'une année à l'autre. À minuit, les cloches des temples bouddhistes et des sanctuaires shinto sonnent 108 coups invitant les Japonais à rendre leur première visite de l'année à ces lieux sacrés.

Crédits photographiques :

Achevé d'imprimer en Espagne par Egedsa
Dépôt légal : septembre 2021 – 328707/01
N° de projet : 11047400 – septembre 2021